진언·다라니 수행 입문

진언·다라니 수행 입문

대한불교조계종 교육원 불학연구소

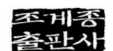

차 례

간행사 _ 8
편찬사 _ 11

제1장 진언·다라니란 무엇인가
  1. 진언·다라니의 성립과 정의 _ 16
  2. 진언의 기원과 의미 _ 20
  3. 다라니의 기원과 의미 _ 24
  4. 진언·다라니와 주력 _ 27
  5. 진언·다라니와 염불의 차이 _ 30

제2장 경론에 나타난 진언·다라니
  1. 《반야경》에서의 반야바라밀다와 대명주 _ 34
  2. 《유가사지론》에 나타난 다라니 분류 _ 36
  3. 밀교 경전에서의 진언과 다라니 _ 39

제3장 진언·다라니 수행의 실제
  1. 마음가짐과 기본자세 _ 46

2. 진언·다라니의 염송법 _ 48

3. 딴뜨라불교의 진언 수행 _ 54

4. 진언·다라니 수행과 마장 _ 57

제4장 상용 진언·다라니와 수행 절차

1. 천수다라니와 《천수경》 _ 70

2. 능엄주와 《수능엄경》 _ 80

3. 육자진언과 《육자대명왕경》 _ 85

4. 광명진언 _ 92

5. 법신진언 _ 97

6. 종자와 종자관 _ 101

7. 기타 진언 _ 103

제5장 진언·다라니 수행의 공덕

1. 진언·다라니의 수행공덕 _ 108

2. 다라니와 경전 봉독의 공덕 _ 112

3. 다라니 수행의 현세적 공덕 _ 115

제6장 한국에서의 진언 수행의 역사

  1. 한국불교의 진언 수행 _ 120

  2. 한국불교와 천수다라니 _ 130

  3. 진언 수행에 대한 한국불교의 인식 _ 134

  4. 근대 한국 고승들의 진언 수행 _ 140

제7장 맺음말

부록

  1. 신묘장구대다라니의 의미 _ 154

  2. 아비라 기도 _ 162

간행사

　진언과 다라니는 주력(呪力)이라는 이름으로 한국불자들이 가장 널리 행하고 있는 의례이자 수행이라 할 수 있습니다. 그 이유는 한국불자들이 가장 일반적으로 독송하는 경전이 바로 『천수경』이기 때문입니다. 아시는 바와 같이 『천수경』은 천수다라니를 중심으로 수많은 진언들로 구성된 경전입니다. 따라서 우리나라 불교의식에서 진언과 다라니는 의례와 수행에서 핵심적 요소를 차지하고 있다고 해도 과언이 아닙니다. 이런 이유에서 진언수행은 염불(念佛), 참선(參禪)과 더불어 우리나라에서 행해지고 있는 대표적인 의례이자 수행법으로 손꼽을 수 있습니다.

　진언(眞言)의 어원은 범어로 만뜨라(Mantra)인데 이것은 '신성한 의미'를 뜻하는 'Man'과 '그릇'이라는 의미를 가진 'tra'의 합성어입니다. 즉 진언이라는 말 속에는 '신성한 의미를 담고 있는 언어' 또는 '진리를 담고 있는 말씀'이라는 뜻이 들어 있습니다. 따라서 진언이란 거룩한 부처님의 말씀이 담겨있는 언어이자 불교의 수승한 진리를 내포하고 있는 말씀이라고 볼 수 있습니다. 그런 점에서 진언수행을 한다는 것은 그처럼 거룩한 언어에 담긴 의미를 자기화 하는 것이며, 진언 염송을 통해 자기를 성화(聖化)시키고 궁극적으로는 깨침을 얻는 수행이기도 합니다.

　흔히 진언수행을 하시는 분들은 자신과 가족의 건강을 기원하거나 학업성취 또는 사업번창과 같은 현세적 소원을 빌기도 합니다. 경전 속에서도 제불 보살님들은 진언과 다라니를 염송하는 수행자의 복덕과 성불을 위해 호념(護念)할 것을 서약하는 장면을 많이 볼 수 있습니다. 이처럼 범부중생이 부처님과 대보살의 가호(加護)를 구하는 것을 '불보살의 가피(加被)를 입는다' 라고 합니다. 일반적으로 행해지는 진언수행은 바로 부처님의 가피를 입고자 하는 현세적 바람을 담고 있습니다. 진언수행이 타력수행으로 이해되는 것은 여기에서 연유합니다.

그러나 진언과 다라니는 단지 현세적 복을 비는 기복적 성격뿐만 아니라 궁극적으로 성불(成佛)을 목표로 하고 있습니다. 즉 진언과 다라니를 통해 신력(神力)의 힘을 빌어 부처님의 경지로 가는 것이 진언 수행의 궁극적 목표이기도 합니다. 따라서 진언과 다라니는 부처님과 대보살의 구호를 염원하는 현세적 공덕은 물론 바른 깨달음을 얻고자 하는 수승한 목표도 동시에 가지고 있습니다.

진언과 다라니 수행이 이렇게 대중적이고 중요함에도 불구하고 그동안 진언수행을 소개하는 적당한 입문서가 없었던 것이 사실입니다. 그런 점에서 이번에 불학연구소에서《진언·다라니 수행 입문》을 편찬한 것은 비록 만시지탄의 감이 없지 않으나, 다행한 일이라 하지 않을 수 없습니다. 아무쪼록 이 책을 길잡이로 삼아 현세적 복덕을 기원하는 분들은 불보살님의 가피를 입고, 바른 도를 얻고자 하는 분들은 혜안이 열리시기를 기원합니다.

불기2552(2008)년 6월
대한불교조계종 교육원장 청 화

편찬사

진언(眞言)이란 범어 'Mantra'에 대한 번역으로 '진실한 말의 힘(Sakti)'을 의미합니다. 다시 말해서 진실하고 성스러운 힘이 내재된 말이 진언이며, 그것을 염송함으로써 성스러운 힘을 발현시키는 것이 주력수행이라고 할 수 있습니다. 여기서 주력(呪力)은 말 그대로 진언과 다라니의 힘(力)을 뜻합니다. 따라서 주력수행이란 진언과 다라니를 염송함으로써 그것에 내재된 불보살님의 원력과 가피를 수행자에게 현실화하는 것입니다.

하지만 흔히 주력하면 주술사를 떠올리기 쉽습니다. 실제로 부처님께서도 처음에는 주력을 금지하셨습니다. 왜냐하면 부처님 당시에 mantra는 주술사들에 의해 생계를 유지하기 위해 주로 행해졌기 때문입니다. 그러나 시간이 지나면서 바른 수행과 깨달음을 위한 것이라면 진언이나 다라니도 무방하다는 입장으로 변화하였습니다. 물론 여기에는 외도들이 행하는 주술과 수행의 일환으로 행해지는 불교의 주력에 대한 명확한 구분이 뒤따랐습니다. 예를 들어 《대지도론》에 따르면 외도의 주술은 업력과 원한을 늘게 하지만, 불교의 주력은 해탈을 얻는 것이 근본목적이라고 설하고 있는 것이 그것입니다.

주력을 수행의 한 방편으로 바라보는 시각은 《금강정경》에도 잘 나타나 있습니다. 즉, "마음의 작용을 지속적으로 통일시켜 주는 것을 다라니라 하며, 자성청정(自性淸淨)의 법성(法性)을 분명히 밝혀주는 것을 진언밀주(眞言密呪)라 한다"라고 명시하고 있기 때문입니다. 주력에 대한 이와 같은 인식의 변화로 인해 대승불교에 이르면 진언과 다라니가 경전 속으로 적극적으로 수용되는 모습을 보이고 있습니다.

그렇다면 진언수행의 공덕에는 어떤 것이 있을까요? 대표적인 예로 육자진언에 대한 티베트의 교전인 《마니칸붐》에는 육자진언을 염송하면 육도윤회로부터의 해탈, 대승불교의 실천덕목인 육바라밀의 실천, 모든 부처님에 대한 공양과 지혜의 체득과 같은 여러 가지 공덕을 얻게 된다고 합니다.

우리나라에서 주력은 한국불교의 역사와 궤적을 같이합니다. 한반도에 불교가 도입될 때부터 주력이 행해졌기 때문입니다. 대중들에게 진언과 다라니는 불교의 신비한 힘을 보여주는 것이었고 이는 불교 전파에도 크게 기여했다는 것이 학자들의 정평입니다. 따라서 주력수행은 현재 행해지고 있는 다양한 불교 의례와 수행법 중에 그 역사가 가장 오래된 전통 중에 하나라고 볼 수 있습니다.

나아가 주력은 사찰에서 행하는 각종 의식에서 빠지지 않고 매일 행해지고 있기 때문에 승속을 막론하고 일상화 되어 있는 수행이기도 합니다. 그럼에도 불구하고 종단적 차원에서 간행된 주력수행 지침서가 없었던 것이 사실입니다. 그것은 주력 수행이 중요하지 않아서가 아니라 일상적으로 행해지고 있는 불교의례가 주력을 바탕으로 구성되어 있기 때문에 별도의 지침서가 필요치 않았던 데서 기인한다고 볼 수 있습니다. 하지만 주력을 수행의 일환으로 행하고자 하는 분들에게는 마땅한 지침서가 매우 중요합니다. 이 책은 이런 교계의 상황을 반영하여 편찬되었습니다. 이 책이 이미 주력수행을 해오시던 분은 주력수행의 의미를 바르게 깨닫고, 새롭게 주력수행을 시작하고자 하는 분들에게는 바른 수행으로 인도하는 길잡이가 되기를 기원합니다.

끝으로 이와 같은 수행지침서가 발간될 수 있도록 집필에 참여해주신 중앙승가대 종석 스님과 밀교학자인 정성준 박사님께 심심한 감사의 말씀을 드립니다. 그리고 이 책이 나오기까지 애써주신 불학연구소 연구원들과 조계종출판사 임직원 여러분들의 노고에도 감사드립니다.

불기 2552(2008)년 6월
대한불교조계종 교육원 불학연구소장 **현 종** 합장

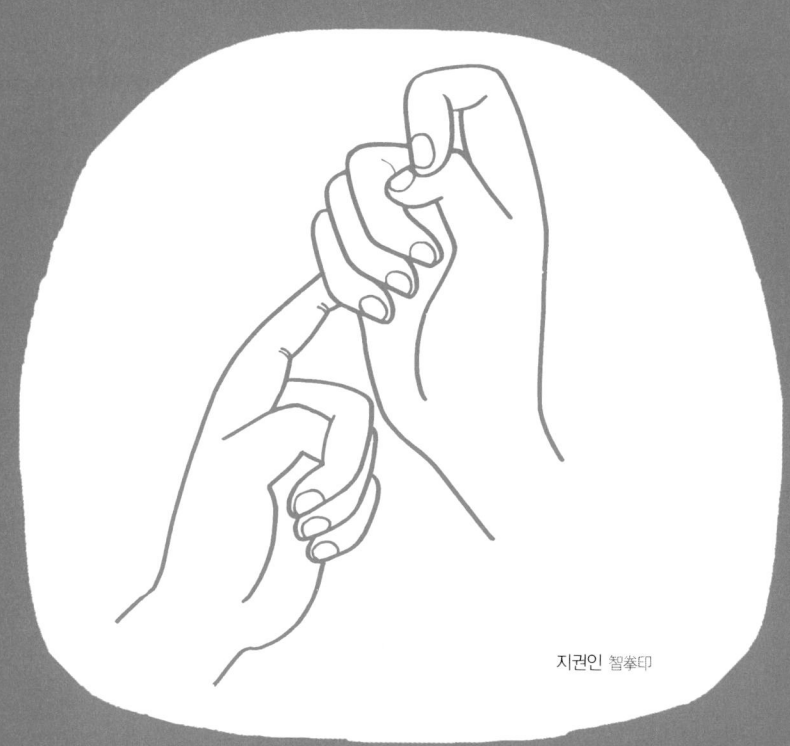

지권인 智拳印

제 1 장

진언·다라니란 무엇인가

1
진언·다라니의 성립과 정의

한국불교에서의 진언과 다라니

　한국의 불교의식에서 진언과 다라니는 빼놓을 수 없는 요소이다. 불교 수행의 한 방편으로 참선, 염불과 함께 많은 불자가 상용·실천하고 있기 때문이다. 진언과 다라니의 기원과 역사는 대승불교의 형성과 함께할 정도로 오래되었다. 특히 한반도에 불교가 처음 들어올 때, 영험 있는 종교로서 불교를 알리는 데 진언과 다라니가 크게 기여하였다. 지금도 한국의 불자들은 불교에 입문하면《반야심경》의 명주明呪나 천수다라니를 외운다.

　진언과 다라니의 역사와 그것의 근본적인 의미를 이해하면 올바른 신행생활에 큰 도움이 될 것이다.

　진언과 다라니는 매우 오랜 역사를 지니고 있기 때문에 한마디로 정의하기 어려운 점이 있다. 먼저 어원을 살펴보면, 진언眞言, Mantra은 '진리에 대해 사유한다'는 의미이고, 다라니陀羅尼, Dhāraṇī는 '불법을 기억한다'는 뜻이다. 즉 진언과 다라니는 본래 불법을 깨치기 위한 문·사·수聞·思·修의 실천에서 출발한 것이다. 대승경전 가운데에는 진언과 다라니를 성심껏 염송하는 불교 신자와 수행자들의 복덕과 원만한 성불을 돕기 위해 부처님과 대보살들이 호념을 서약하는 장면을 많이 볼 수 있다. 따라서 진언과 다라니에는 불교 수행의 한 방편이라는 자력적 측면과 불보살의 가피를 기원하는 타력적 측면의 두 가지 면모가 동시에 담겨 있다.

진언과 다라니는 대승불교 수행의 한 방편이다. 하지만 석가모니부처님의 합리적이며, 자력적인 불교 전통에 진언과 다라니가 포함된 연유를 이해하기 위해서는 관련된 불교의 역사를 알아야 한다. 본 장에서는 불교의 실천체계의 하나로서 진언과 다라니의 역사와 교리적, 실천적 위상을 간략히 설명할 것이다.

불교 수행과 진언문

불교의 역사는 2천5백여 년이 넘으며, 8만 4천의 법문은 중생의 근기만큼이나 다양하다. 석가모니부처님께서 설하신 가르침은 예부터 '한 소리 一音'라고 일컬어져 왔다. 그것은 우주 가득한 진리가 항상하고 불변한 것이며, 부처님께서 설하시는 진리도 하나라는 뜻이다. 불자의 목표는 부처님의 법문을 깨닫는 것인 동시에 그 깨달음의 빛을 통해 세간의 어두움을 밝히는 것이다. 불교 수행은 이와 같은 목표에 도달하기 위한 실천적 노력이며, 부처님의 가르침인 연기緣起·무아無我·공空·중도中道의 도리를 이해하고, 실천하는 것이다.

제자의 근기와 능력에 따라 부처님이 다양한 법문을 설하셨듯이, 진리에 도달하는 불교의 수행도 다양하게 존재한다. 불교 수행 가운데 진언眞言과 다라니陀羅尼는 대승불교 시대에 등장한 것으로 3~4세기경의 대승경전에는 많은 진언과 다라니가 설해졌다. 진언과 다라니는 의례와 공양법, 만다라 등 다른 소재와 결합해 7세기 중엽 대승불교의 밀교화에 중요한 밑거름이 되었다.

인도의 붓다구흐야Buddhagūhya, 8세기 논사는 대승불교의 수행을 크게 바라밀문波羅蜜門과 진언문眞言門으로 나누었다. 바라밀문은 불교의 경론과 가르침을 듣고 사유하고, 수습하여 부처님의 지혜에 도달하는 수행을 가리키며, 진언문은 진언이나 다라니의 주력呪力을 빌린 수행을 의미한다. 진언문은 진언을 통해 부처님과 보살의 종교적 가피를 입거나, 성불을 위한 수행문이 된다는 의미로 나중에 진언도眞言道나 진언승眞言乘으로 불리고, 한국을 비롯한 동북아 지역에서는 밀교密敎로 불리게 된다.

가피와 가지

석가모니부처님께서 진리를 처음 설하신 이후 오랫동안 변함

없이 지켜온 목표는 위로는 보리를 구하고, 아래로는 중생을 구호하는 것이다. 진언과 다라니도 이러한 불교의 근본 목표를 실현하기 위한 방편이며, 오랫동안 인도를 비롯해 티베트, 중국 등의 대승불교권에서 불자들에게 널리 염송되고, 실천되었다.

일반적으로 범부중생이 부처님과 대보살의 가호加護를 구하는 것을 "불보살의 가피加被를 구한다"고 한다. 염불이나 진언, 다라니의 염송은 곧 불보살의 가피를 얻기 위한 방편이다. 그러나 진언과 다라니에는 성불成佛이라는 궁극적 목표가 있다. 진언과 다라니를 통해 신력神力의 힘을 빌어 부처님의 경지에 다가가 하나가 되는 것을 밀교 용어로 '가지加持'라고 한다.

예를 들어 진언과 다라니를 염송하면서 학업이나 사업, 혼인 등의 소원을 빈다면 그것은 곧 부처님의 가피를 기대하는 것이지만, 반대로 깨달음의 세계에 도달하기 위해 진언과 다라니를 염송한다면 그것은 '부처님의 세계와 가지한다'고 하는 것이다.

이처럼 진언과 다라니는 부처님과 대보살의 구호를 염원하고 구할 수 있는 공덕뿐만 아니라, 부처님의 세계에 도달하는 깨달음의 방편 또한 가지고 있다.

2
진언의 기원과 의미

석가모니부처님이 설한 불교는 필연적으로 인도의 다양한 종교와 문화의 영향을 받으면서 전개되었다. 불교의 진언과 다라니도 인도의 종교 관습에서 그 연원을 찾을 수 있다. 불교 이전부터 존재했던 인도 바라문교의 주술과 불교의 진언·다라니는 외형적으로는 유사하지만, 두 종교가 도달하려는 목표와 이상은 전혀 다르다. 바라문교는 태초의 신인 브라만이 시공과 모든 존재를 만들었으며, 따라서 모든 것 속에는 신성神聖이 깃들어 있다는 전변설轉變說과 아트만론에 기반을 두고 있다. 하지만 불교는 연기론과 무아설無我說에 입각하고 있기 때문에 바라문교와는 사상적 배경이 다르다.

불교 경전에서 볼 수 있는 진언眞言의 어원은 인도말로 만트라

Mantra이다. 만트라는 '신성한 의미'를 뜻하는 동사 √man과 그것을 담는 '그릇'이라는 뜻의 'tra'의 합성어다. 따라서 만트라는 '신성한 언어', 또는 '진리의 말'이라는 뜻이 있다.

만트라의 원형은 바라문교의 찬가집인 베다Veda에서 발견된다. 베다에 담긴 신의 찬가들이나 불가사의한 힘을 지닌 주문을 통틀어 만트라라고 하는데 베다의 만트라는 신이 지닌 초월적인 능력을 빌리는 세간적 주술의 의미가 강하다.

베다의 주문들은 대개 리그Ṛg · 야주르Yajur · 사마Sama · 아타르바Atharva 등의 네 가지 베다에서 파생한 것이며, 각 베다의 특성에 따라 여러 형태의 주문이 등장했다. 베다 이후에 전개된 초기 힌두교의 주문들은 대개 의례에서 사용되었으며 운율을 담은 시가나, 일반 문장의 형태로 다양하게 나타나고 있다.

불교 경전에서는 만트라를 진언眞言, 주呪, 신주神呪 등으로 번역하고 있다. 이외에 주문呪文을 일컫는 여러 표현을 살펴보면 다라니陀羅尼 · 호주護呪 · 총지總持 · 밀주密呪 · 명明 등이 있다.

원래 불교 교단이 형성된 뒤, 석가모니부처님은 제자들에게 주문, 또는 주술의 사용을 금지하셨다. 그 이유는 진리 추구에 대한 부처님의 태도가 합리적이며 이성적이었기 때문이다. 《아함경》에서는 베다의 주문을 '축생주畜生呪'라고까지 비판하였다. 그 이유는 자신의 근본 자성을 버리고, 외부적인 신의 힘에 맹목적으로 의지하고자 하는 태도 때문이다. 이외에도 《아함경》의 여러 부분에는 주문에 대한 금지와 경계의 가르침이 설해져 있고, 유부의 율장에서도 주문 금지에 대한 사례를 많이 볼 수 있다.

그러나 부처님께서는 독을 치료하거나, 복통, 치통 등 고통을 해소하기 위한 선의善意의 주문만은 예외적으로 허용하셨다. 지금도 남방불전에는 삼장三藏 외에 빠릿다만으로 구성된 경집經集이 전해진다. 빠릿다paritta, 護呪, 護身呪란 남방불교에서 주문이나 그 주문이 적힌 경전 등을 지칭하는 말로 위험과 악에서 보호하고 방어하는 등의 의미가 있다.

근본적으로 부처님께서는 삼보에 대한 절대적 귀의와 철저한 자기완성의 수행을 통해 세간의 재난을 극복할 것을 권하셨다. 특히 스님들이 자신의 수행력을 증명하는 '진실어satya-vacana'를 통하여 재가자의 세간적 고민을 극복하게 해 주는 사례는 경전 곳곳에서 쉽게 찾아볼 수 있다.

초기불교에서 보면 고苦의 근본적인 문제 해결은 오로지 바른 깨달음에 도달해야만 가능하다. 곧 삼명육통三明六通을 성취한 출가자만이 재가자들의 세간적 문제를 근본적으로 극복할 수 있었다. 초기불교 문헌에는 부처님과 아라한의 신통력만이 세간의 모든 재난을 물리칠 수 있다고 설하고 있다.

삼명三明에서 볼 수 있는 명明, Vidyā은 해탈의 지혜를 의미하며, 무명無明, Avidyā은 명에 대한 반대말이 된다. 명明은 처음에는 지식이나 학술을 의미하였으나, 이후 일반 사람들이 접근할 수 없는 신통이나 그런 신통을 지닌 자를 일컫는 말로 변하였다. 또한, 불가사의한 말이나 비밀스런 말을 의미하는 표현으로도 사용되었다.

대승불교 시대에는 명明과 더불어 명이 지닌 주술적 의미가 더해져, 《반야심경》의 경우 반야바라밀에 대해 신주神呪나 명주明呪로 이름붙여 승화시켰다.

밀교 경전인 《금강정경》에도 이상의 내용이 잘 요약되어 있다.

> 마음의 작용을 지속적으로 통일시켜 주는 것을 다라니라 하며, 자성청정의 법성을 분명히 밝혀주는 것을 진언밀주라 한다. 중생의 무명번뇌를 제거하기 위해 무애의 변재로 중생을 제도하는 불사를 명明이라 한다.

이처럼 진언에는 무명을 벗어난 정각의 세계를 가리키는 출세간적 의미와 함께 삶의 고난을 극복하기 위한 세간적 구호의 의미가 동시에 담겨 있다.

3
다라니의 기원과 의미

다라니dhāraṇī는 산스크리트를 음사한 말로 '총지總持'로 번역되며, 의역해서 '능지能持', '집지執持', '능차能遮'라고도 한다. 총지, 능지 또는 집지의 의미는 불법을 기억하여 잊지 않는다는 뜻에서 비롯된 것이며, 능차는 악한 마음이 생기는 것을 막아주기 때문에 붙여진 이름이다.

다라니란 말의 용례는 초기 빨리어 경전의 경우 다라나dhāraṇā로 나타나며 "마음을 집중시켜 그 상태를 지속시킨다"는 의미다. 다라니는 대승불교의 시작과 함께 본격적으로 등장했는데 가르침을 잘 기억하고 간직하여 악으로부터 자기 스스로를 보호한다는 의미로 해석되었다.

진언과 다라니는 모두 불교의 깨달음을 얻기 위한 노력에서 비롯된 것이지만, 연원을 따져보면 그 목적과 방법에 차이가 있다. 대승불교의 보살 실천 덕목 가운데 경전의 수지受持, 독송讀誦, 서사書寫가 있는데, 다라니는 이 중 경전의 내용을 수지하는 것과 관련이 있다. 경전의 암기와 기억에 있어 구전을 통해 전해졌던 초기《아함경》과 달리 대승경전은 그 양이 방대한 규모로 확대되었다. 때문에 후대로 오면서 실제로 모든 경전을 암기하거나 독송하는 것은 어려워지게 되었다. 장문의 경전은 게송의 형태로 경전 말미에 요약되었으며, 다시 경전의 본문은 문장을 축약해 단절이나 다수의 어구로 함축되었다. 이처럼 다라니는 경전의 내용을 짧은 구절을 통해 효과적으로 암기하던 수단에서 비롯된 것이다.

대승불교 초기《반야경전》에 등장하는 다라니의 뜻은 마음을 집중시키고 기억하여 오랫동안 지니게 한다는 뜻인 억지憶持의 의미가 강했다. 그러나 후대에 이르러 다라니는 재난을 물리치고 복을 부르는 양재초복攘災招福의 의미로 확대되었다. 용수보살의 시대에 이르러서는 부처님이 설한 진리가 곧 반야바라밀다와 동등한 것이라고 보았다. 따라서 반야바라밀과 다라니를 동일하게 여겨 다라니의 지송 수행이 곧 보살의 수행 덕목으로 정착되기에 이르렀다.

결과적으로 다라니는 경전의 독송을 통한 세간적 공덕과 정각이라고 하는 출세간적 깨달음을 동시에 갖추게 된 것이다. 다라니를 '신묘장구神妙章句'라 부르는 것처럼 다라니의 공능은 신묘한 것으로 여겨졌다. 여기에 이르러 드디어 다라니는 선하고 법다운 것을 지켜준다는 의미의 '능지能持'와 법답지 못한 것은 남김없이 부수어버린다는 '능차能遮', 이 두 가지 의미를 동시에 가지게 된 것이다.

4
진언·다라니와 주력

주력呪力은 진언과 다라니의 힘을 가리킨다. 주력이란 말은 '진실한 말의 힘Sakti'을 의미하며 한자로 진언眞言이라 번역된다. 이 진언을 외우는 수행이 주력 수행이다.

진언이나 다라니가 설해지는 경전에는 한결같이 진언과 다라니의 공덕이 등장한다. 또한 부처님과 대보살들이 진언과 다라니를 외우는 수행자를 가호할 것을 서약하고 있다. 이것은 대승불교의 수행자가 업장이 두텁고 수행의 힘이 미약할 때 불보살이 가피력으로 돕는 것을 의미한다.

《대반야경》에는 과거의 모든 부처님이 대명주大明呪를 수지하고 아뇩다라삼먁삼보리를 얻었다고 설해져 있다. 때문에 반야의 지혜를 통해 참된 도피안의 세계에 도달하는 것이야말로 진정한 진언의 의미를 깨닫는 것이다. 《불지경론》에 따르면 다라니는 "한 문자에 일체의 문자를 지니는 것이며, 한 뜻에 일체의 뜻을 담는 것이다. 무량한 모든 공덕을 모아 간직하는 것이기에 무진장無盡藏이라 이름한다"라고 하였다.

현재는 진언과 다라니의 구별이 모호해진 것이 현실이다. 실제 《천수경》에 설해진 신묘장구대다라니의 경우 다른 말로 천수주千手呪나 천수다라니千手陀羅尼로 자연스럽게 혼용해 부르고 있다. 그것은 주呪나 진언, 다라니 모두가 세간적 차원의 구호력과 출세간적 공능을 동시에 담고 있어 서로 구별할 필요가 없어졌기 때문이다.

진언과 다라니는 불보살이 기약한 무량의 공덕을 담고 있으며 그 영험의 사례는 신비롭고 무궁하여 이루 다 말할 수 없다. 그래서 현재도 변함없이 신앙되고, 실천되고 있는 것이다. 그러나 진언과 다라니의 공능과 영험은 수행자가 깊은 믿음이 있을 때에 비로소 가능해진다. 밀교 경전에 여래의 신력神力은 진언 수행자가 깊은 믿음을 보일 때 발휘된다고 설하고 있다. 다시 말해, 불법에 대한 깊은 믿음으로 진언과 다라니를 염송할 때 부처님과 대보살께서 그 마음을 아시고 돕는 것이다.

《대지도론》에서는 외도의 주술은 업력과 원한을 늘게 하는 것이지만, 불교의 주력呪力은 해탈을 얻는 것이 근본 목적이라고 설하고 있다. 이처럼 진정한 진언과 다라니의 수행은 부처님께서 설하신 진리를 깨닫고, 그 공덕을 중생에게 회향하는 데 진정한 목적이 있다.

5
진언·다라니와 염불의 차이

　염불念佛은 진언·다라니 수행과 더불어 대승불교의 대표적 수행 방편의 하나로, 인도를 비롯해 한반도와 중국 등지에서 널리 실천되어 왔다. 염불은 정토계 경전에 근거한 것으로 아미타불의 48본원력本願力에 의해 중생이 극락정토에 왕생하여, 마침내 성불에 이르게 하는 수행이다.

　염불 수행은 아미타불의 명호를 외우거나, 극락정토의 청정함을 관觀하는 수행이다. 염불에 전념한 수행자는 죽음에 이를 때 아미타불을 비롯해 관세음보살과 지장보살이 나타나 극락세계로 인도한다고 설하고 있다. 극락정토는 아미타불의 원력으로 세워진 수용토受用土이다. 반면 유심정토唯心淨土설에 따르면 극락정토는 '마음이 청정하면 그곳이 곧 정토'라고 한다.

진언·다라니 수행과 염불 수행을 비교하면 각기 주력呪力과 아미타불의 원력願力이라는 차이가 있다. 진언과 다라니에도 부처님과 보살들이 중생을 구호할 것을 경전에서 약속했기 때문에 타력적 요소가 있다. 이 점에서 염불 수행과 진언·다라니 수행은 동일한 측면도 있다.

또한 자력 수행의 측면에서 본다면 진언과 다라니 수행은 반야의 지혜를 통한 깨달음을 근본 목표로 한다. 마찬가지로 염불 수행도 근본 자성을 밝혀 성불하는 것이 목표다. 주력과 염불이라는 수행 방법의 차이는 있지만 궁극적으로는 모두 성불을 추구하고 있는 것이다.

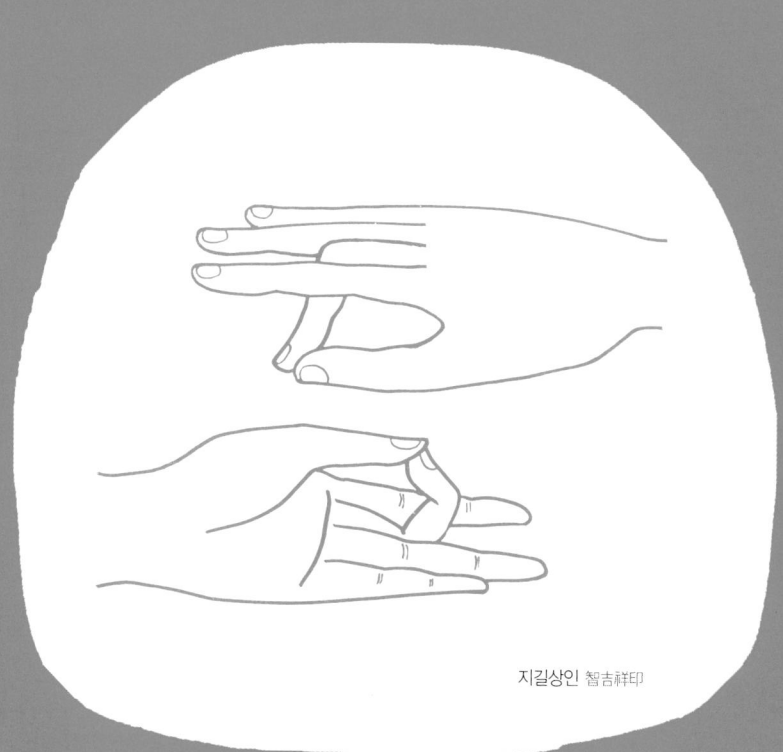

지길상인 智吉祥印

제 2 장
·
경론에 나타난 진언·다라니

1

《반야경》에서의 반야바라밀다와 대명주

석가모니부처님께서 설하신 무명無明은 업고에 얽힌 끝없는 윤회의 근본 원인이다. 무명의 반대말인 명明은 무명을 벗어난 해탈의 세계를 말한다. 초기불교 시대부터 설해진 명의 의미는 대승불교에도 계승되었다. 《반야경》에서는 공空의 지혜로 피안彼岸에 이른 반야바라밀다, 즉 도피안到彼岸의 경지를 명이라 하고 있다.

반야바라밀다는 해탈뿐만 아니라 세간적 장애를 물리치는 공능을 함께 가지고 있기 때문에 《반야경》에서는 반야바라밀다와 명, 그리고 주呪를 동일시하는 표현을 자주 볼 수 있다. 《대반야경》에는 반야바라밀다를 '주'로 표현하고 "반야바라밀다주는 능히 노병사老病死의 고통을 면하게 하며, 중생을 대승에 들게 하여 그로 하여금 부처님이 되게 하는 것이다"라고 설해져 있다.

《반야심경》은 600부 《대반야경》의 교설을 요약한 것으로, 《반야심경》도 어김없이 대명주로 경전을 마치고 있다. 산스크리트 원문을 음사한 명주의 본래 의미는 다음과 같다.

> 아제 아제 바라아제 바라승 아제 모지 사바하
>
> 揭諦 揭諦 婆羅揭諦 婆羅僧 揭諦 菩提 薩婆訶
>
> 가떼 가떼 빠라가떼 빠라상가떼 보디스와하
>
> Gate Gate Pāragate Pārasaṃgate Bodhi Svāhā
>
> 가세 가세, 피안으로 가세, 우리 함께 피안으로 온전히 가서, 깨달음을 얻으세.

《반야심경》에 설해진 대명주에는 이처럼 자신뿐만 아니라, 일체중생이 피안의 세계로 함께 가자는 대승적 의지가 담겨 있다. 《반야심경》은 대명주에 대해 "능히 일체의 고통을 물리칠 수 있다 [能除 一切苦]"고 설한다. 여기에는 출세간의 공능과 세간의 고통을 물리치는 주의 의미가 함께 담겨 있다. 대명주는 반야의 도리를 진정으로 탐구하고 이해하여 세간과 출세간의 본래 목적을 동시에 구족하는 실천적 의미가 있다.

2
《유가사지론》에 나타난 다라니 분류

다라니는 불교 경전의 내용이나 불법의 뜻을 수지하고 기억하기 위한 목적으로 산스크리트의 짧은 구절에 긴 경전 내용을 요약해 담아 놓은 것이다. 다라니는 불법의 도리를 깨닫는 출세간의 목적과 더불어 수행의 장애를 물리치고, 복덕을 쌓는 공능을 동시에 가지고 있다.

《법화경》과 《화엄경》을 비롯한 대승 경전에는 다라니의 공덕을 강조하고, 보살 수행의 하나로 중요시하고 있다. 《법화경》에서는 잘못되고 부정한 것을 깨고 올바름을 지켜준다는 의미인 '파사현정破邪顯正'으로 다라니를 설명하고 있다. 즉 정신을 흐트러짐 없이하여 일념으로 경전을 수지독송케 하는 묘약이며, 그 지송공덕은 무생법인無生法忍을 얻을 만큼 크다고 강조하고 있다.

대승불교의 실천체계를 유식학의 입장에서 정리한《유가사지론瑜伽師地論》에는 다라니를 법다라니法陀羅尼, 의다라니義陀羅尼, 인다라니忍陀羅尼, 주다라니呪陀羅尼의 네 가지로 구분하고 있다.

① 법다라니 : 경전의 내용을 오랫동안 잊지 않도록 기억하게 하는 다라니를 말한다.
② 의다라니 : 경전의 의미를 이해케 하는 다라니를 말한다.
③ 인다라니 : 경전의 의미를 체득할 때까지 물러서지 않고 노력, 정진케 하는 다라니를 말한다.
④ 주다라니 : 세간적 재앙을 물리치게 하는 다라니를 말한다.

위의 네 가지 다라니 가운데 법다라니와 의다라니, 인다라니는 출세간의 수행 과정을 가리키며, 주다라니는 세간적 재앙을 물리치는 데 목적이 있다. 주다라니에 대해《유가사지론》에는 다음과 같이 설해져 있다.

> 무엇을 일컬어 보살의 주다라니라 하는가. 주다라니란 모든 보살로 하여금 여러 가지 삼매의 자재함을 얻게 하고, 능히 유정들의 재난과 환난을 물리치게 하는 것이다. 또한 다라니의 신령스러운

구절에 자재토록 하여 그 가피를 얻게 하고, 여러
가지 재난과 환난을 물리치게 한다.

위의 내용을 보면 주다라니는 대승불교의 실천자인 보살의 수행 덕목으로 보살은 스스로 삼매의 자재함을 얻을 뿐만 아니라, 유정들의 세간적 재난을 물리칠 수 있도록 다라니에 능통해야 함을 밝히고 있다. 이것은 다라니의 목적과 효용이 '상구보리 하화중생 上求菩提 下化衆生'이라는 대승불교의 정신에 입각해 정의되고 있음을 보여준다.

3
밀교 경전에서의 진언과 다라니

한국불교 속의 밀교

불교의 진언과 다라니는 경전이 설하고자 하는 최고의 진리를 짧은 구절이나 문장 속에 함축한 것이다. 곧 불상에서 볼 수 있는 수인手印과 불형佛形, 기타 의식과 다라니가 대승불교의 교리와 결합해 밀교라는 독자적인 수행 체계를 조직하게 되었다. 진언문眞言門, 또는 진언승眞言乘이나 금강승金剛乘으로 정의되고 있는 밀교는 불교의 전파와 더불어 인도를 비롯해 티베트, 중국, 한반도 등지에 퍼져나가 크게 유행하였다.

우리나라의 경우 밀교는 불교의 도입기부터 수용되었으며 신라의 유학승 가운데 당에 유학하여 밀교의 스승으로 이름을 떨친 분도 많았다. 왕오천축국전往五天竺國傳이란 불후의 기행문을 남긴

혜초 스님은 대표적 신라 밀교승으로 밀교를 중국에 전한 금강지金剛智 · 불공不空 스님으로부터 밀교 수행법을 부촉받은 수제자였다. 한국밀교는 고려시대에 크게 번창하였으며, 불교가 억압받았던 조선시대에도 많은 밀교 관련 문헌들이 간행되었다. 따라서 현재 한국불교의 많은 의례와 의식은 거의가 밀교에서 연유된 것이다. 현재 우리나라에는 전통적인 밀교의 전승은 단절되었지만, 진언과 다라니의 근본적인 의미를 이해하기 위해서는 밀교의 교학과 수행체계를 참고하지 않으면 안 된다.

밀교의 정의

대승경전에 설해진 교리를 진언다라니에 함축시켜 성불과 중생 교화를 추구한 것은 밀교의 성립에 의해서다. 인도불교에서는 대승불교의 수행을 바라밀문과 진언문으로 나누고 있지만, 한국을 비롯한 한자문화권의 불교에서는 바라밀문 대신에 현교顯敎, 진언문 대신에 밀교라는 용어를 사용한다.

밀교는 '비밀불교秘密佛敎'의 줄인 말로 부처님의 비밀한 경지를 드러낸 불교라는 뜻이다. 밀교에서 비밀은 크게 삼밀로 요약되는데, 신밀身密과 구밀口密, 의밀意密이 그것이다.

① 신밀 : 부처님의 신체적 비밀인 32상 80종호를 비롯해 장신구, 수인手印 등을 말한다.

② 구밀 : 어밀語密이라고도 한다. 곧 부처님의 언어적 비밀인 진언, 다라니, 종자種字 등을 말한다.
③ 의밀 : 심밀心密이라고도 한다. 곧 부처님의 지혜와 삼매三昧의 세계를 가리킨다.

　　밀교의 삼밀은 불교에서 설해진 불상과, 진언, 다라니, 삼매의 세계를 비롯해 공양이나, 의례, 건축, 미술의 모든 영역을 포함한다. 요약하면 밀교는 불교에 내재된 정신을 외형적으로 표현하는 모든 수단을 교리와 수행의 양 측면에서 체계화한 것이라 할 수 있다.

진언문과 삼밀유가 수행

　　밀교의 수행은 삼밀을 통해 부처님의 깨달음에 도달하는 데 근본 목표가 있다. 삼밀유가 수행이란 중생은 신업, 구업, 의업의 삼업을 짓지만 중생이 자성을 깨달아 업장을 벗으면 삼업이 부처님의 자성으로 전변하여 삼밀이 된다고 확신하는 수행법이다.

　　이러한 밀교의 수행 이념은 '즉신성불即身成佛'이라는 말로 요약된다. 즉 현재의 몸인 중생의 몸을 버리지 않고, 육신과 생사의 번뇌 그대로가 진리임을 깨닫는 것이 밀교 수행의 목표이기 때문이다.

　　밀교 수행의 독특한 점은 만다라曼茶羅, 진언眞言, 수인手印 등을 관상觀想함으로써 마음의 자성을 관하는 것이다. 곧 마음으로는 만다라에 구현된 본존을 관하면서 손으로는 수인을 결하고, 입으로 진언을 외우는 것이다.

이때 수행자의 마음과 몸은 본존에 상징화된 부처님의 세계를 자신의 세계와 하나가 되도록 하는데, 이것의 목적은 범부의 마음을 부처님의 깨달음의 세계로 향상시키기 위한 것이다.

밀교는 수행의 측면에서 대승불교의 유가행파瑜伽行派를 계승하였다. 유가瑜伽, yoga란 상즉상입相卽相入의 뜻으로 전식득지轉識得智라는 말로 요약된다. 전식득지는 범부의 심식을 부처님의 지혜로 전환한다는 뜻을 담고 있으며, 대승불교 수행의 핵심을 담은 것이라 할 수 있다.

밀교 수행을 삼밀유가三密瑜伽라고 부르는 것은 삼밀을 소연所緣으로 관상하면서 부처님의 지혜를 깨닫기 때문이다. 삼밀 가운데 진언과 다라니로 구성된 구밀은 언음言音을 통해 매우 정교한 부처님의 세계를 표현하기 때문에 밀교 수행의 중심이 된다.

또한 밀교 수행은 수행자가 부처님의 세계와 하나가 된다는 뜻에서 가지加持라는 말로 표현된다. 밀교에서 바라볼 때 이 우주와 현상계는 진리의 세계인 만다라 자체이다. 우주의 모습, 소리, 빛, 색상, 언어, 문자 모두가 깨달음의 기호이며 손짓이고 움직임이기 때문이다. 다만 인간은 무명에 가려 그 참모습을 보지 못하고 있을 따름이다.

그 참모습을 보기 위한 수행법이 다름 아닌 삼밀가지三密加持이다. 가지란 서로 어울려 하나가 된다는 의미로 부처님으로부터 받은 힘이 나에게 더해져 동화되고 나의 것이 부처님에게 더해져 동화되는 현상인 입아아입入我我入을 말한다.

몸으로는 불보살의 행위인 수인을 맺고, 입으로는 진언을 염송하며, 마음으로는 언제나 자신을 부처님이라 생각하는 삼매에 들어가면 곧바로 수행자의 심신이 부처님의 삼밀과 동화되어 부처님과 중생이 하나가 된다는 뜻이다.

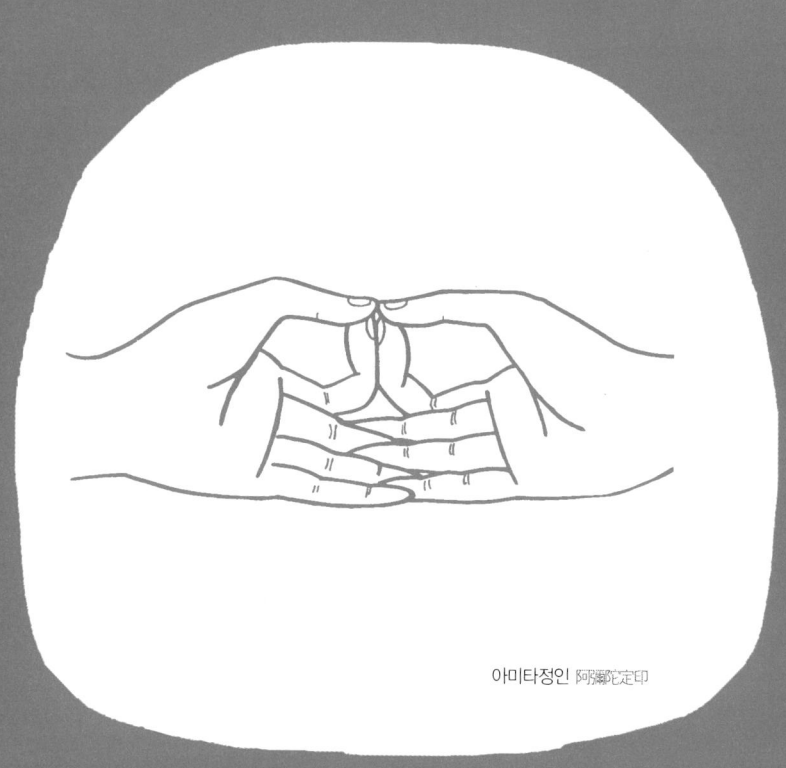

아미타정인 阿彌陀定印

제3장

진언·다라니 수행의 실제

1
마음가짐과 기본자세

　진언과 다라니의 수행은 필요에 따라 경전이나 의궤에 근거해 형식을 갖추어 실천하는 방법도 있고, 간편하게 형식과 장소에 구애받지 않고 정성껏 외워 기대한 목적을 다하는 경우도 있다. 따라서 진언과 다라니 수행을 시작하기 전에 선지식께 조언을 구해 잘 판별해서 수행하는 것이 필요하다.

　한국불교의 경우 의궤화된 진언 수행은 조선시대를 거치면서 대부분 소실되었지만, 일부분은 불교의식 가운데 형식을 갖추어 면면히 전해져 왔다. 진언 수행에서 실천을 위한 기본적인 절차나 형식은 경전이나 의궤에 설해져 있는 것이 일반적이다.

　경전에서 보여주는 진언 수행의 절차는 전문적인 출가 수행자를 위주로 전문적인 수행 공간에서 수행에 임했을 때를 가정해 설해지지만, 재가 수행자의 경우도 일정한 의식 절차나 지송 방법을 알고 임해야 한다. 따라서 진언이나 다라니를 지송하려면 먼저 경전에 명시된 내용을 충분히 인지한 후 선지식께 물어 자신에게 맞도록 실천하고 지켜야 할 사항을 유념해야 한다.

 어떤 진언 수행이든지, 진언 수행 중 최소한의 절차는 준비·예경·발원·참회·염송을 포함하는 것이 일반적이다.

2
진언·다라니의 염송법

　　진언 수행을 하다 보면 수행자는 어떠한 마음가짐으로 수행에 임해야 하는지, 또 어떻게 다라니를 외워야 하는지, 일상생활에서 어떻게 다라니에 집중해야 하는지, 그리고 여러 가지 신체적 정신적 변화가 수반되는 경우에 어떻게 대처해야 하는지 등등 많은 문제에 부딪히게 된다. 이러한 문제들은 순수한 종교 체험의 영역이며, 이는 수행자와 그 수행자가 처한 수행 환경, 그리고 수행법에 따라 많은 차이가 난다.
　　이러한 각각의 문제에 대해 모두 언급할 수는 없지만, 여기서는 다만 여러 진언 수행에서 공통적으로 나타나는 문제들만을 간략히 살펴보고자 한다.

진언·다라니의 암기

　　진언 수행을 시작하는 수행자가 처음으로 부딪히는 문제는 진언 혹은 다라니를 어떻게 외우는가 하는 것이다. 반드시 다라니를 외워야만 하는 것은 아니다. 사경을 하거나 다라니를 가지고 다니면서 독송할 수도 있다. 그러나 다라니를 사경하여 가지고 다니며 읽게 되면, 보고 읽는 것은 편하지만 자연히 그것에 의존하게 되므로 게을러지는 경우가 생긴다. 따라서 다라니 지송 수행을 하기 위한 가장 좋은 방법은 다라니 전체를 완벽하게 암송하는 것이다.

　　육자진언이나 광명진언과 같이 수행자가 택한 진언이나 다라니의 길이가 몇 개 구로 이루어진 경우라면 암송에 별문제가 없다. 하지만 천수주나 능엄주 같은 경우는 범어를 그대로 한글로 음사한 것이므로 발음하거나 암기하기가 매우 어려운 것이 사실이다.

　　처음 능엄주를 읽을 때는 길게는 30분까지 소요된다. 이는 자연스러운 일이다. 발음이 어렵고 이제까지 보지 못했던 단어이기 때문이다. 다행히 산스크리트 발음에 능숙한 사람이라면 잘 암기할 수 있지만 대다수는 그렇지 못할 것이다. 그래도 하루하루 정성을 다하여 읽다 보면 읽는 시간이 단축되어 보통 10분 내로 줄어들게 된다. 그러나 속독의 단계에서 암기의 단계로 가는 것 역시 쉽지 않다. 이 때문에 능엄주 수행자들은 별도의 수첩을 마련해 매일매일 목표를 세워 외우기도 한다.

　　수행자들의 체험담에 의하면, 일반 재가자가 하루에 1독에서 3

독 정도를 했을 경우 능엄주를 외우는 데 보통 반년에서 일 년 정도 걸린다고 한다. 집중해서 긴장하지 않으면 시간은 더 걸린다. 하루에 108독이나 200독씩 집중해서 하는 경우 수주 내에 암기할 수도 있다. 많이 읽건 적게 읽건, 중요한 것은 매일 긴장감을 가지고 집중적으로 외워야 한다는 점이다. 그래야 효과가 있다. 이는 비단 능엄주뿐만 아니라 천수대비주의 경우도 마찬가지다.

진언·다라니 지송법과 자세

다라니를 암기하게 되면 다라니에 보다 집중할 수 있게 된다. 외우기 전에는 다라니를 읽느라 글자를 쫓아가기 바쁘다. 그러나 암기가 끝나면 단순히 다라니를 입으로 소리 내는 것에 만족할 것이 아니라, 호흡과 생각, 소리 등을 고려하여 수행에 임해야 한다.

다라니를 지송할 때 소리를 내어 외우는 경우와 소리를 내지 않고 외우는 경우가 있다. 소리를 내어 독송하는 경우 소리에 마음을 집중하여 정확히 그 다라니의 소리를 들어야 하며, 독송은 한 자 한 자 정확히 발음해야 한다. 진언을 한 자 한 자 떠올려가며 외우면 집중하기 쉽기 때문이다.

이때 진언에 집중하면서 그 진언이 머무는 곳을 신체의 특정한 부분과 연결시키는 방법도 있다. 예를 들면, 의식을 머리 위쪽이나 이마 쪽에 집중하는 것이 그것이다. 이렇게 독송하다가 기氣가 위쪽으로 올라오는 상기 현상이 나타나면, 의식을 단전에 집중하여 해

소시킨다. 이와 같이 진언의 소리에 집중해 수행을 지속하면 삼매에 쉽게 들게 된다.

한편, 다라니를 오래 독송하다 보면 자연히 몸의 자세를 어떻게 두는 것이 옳을까 생각하게 된다. 여기에는 수행자마다 서로 견해가 다를 수 있으며, 주력의 종류에 따라 달라지기도 한다.

① 가부좌에 합장 : 대체로 가부좌나 반가부좌의 자세로 허리를 곧게 세워 앉는 것이 보통이다. 손은 합장을 하거나 무릎 양쪽에 올려놓는 것이 일반적이다. 특별한 규범이 없는 한 가장 많이 취하는 자세다. 다라니의 암송 횟수를 세기 위해 염주를 들기도 한다.

② 일어선 자세 : 앉아서 하는 것이 일반적이지만 다리가 저리거나 졸음이 올 때는 일어서서 다라니를 외울 수도 있다. 이때 양손은 합장을 하거나 염주를 잡고 하는 것이 좋다.

③ 의자에 앉은 자세 : 가부좌나 반가부좌가 불가능할 경우에 취하는 자세이다. 예를 들어, 차를 타고 가거나 의자에 앉아 공부하면서 다라니를 지송할 때 이러한 자세를 취한다.

④ 장궤합장 : 해인사 백련암에서 능엄주나 아비라 기도를

장궤합장

할 때는 신도들이 이 자세로 주력에 임한다. 장궤합장이란 땅에 무릎을 꿇되 궁둥이를 붙이지 않는 자세를 말한다. 허리를 곧게 세워 합장한 상태에서 암송하는데, 집중력을 향상시키고 잡념이 잘 생기지 않는 장점이 있다. 주력의 힘을 강하게 느낄 수 있으나 이 자세가 익숙치 않은 사람은 허리에 통증을 느낄 수도 있다.

⑤ 반가부좌에 지권인智拳印 : 육자대명진언을 할 때, 이 자세를 취하는 경우가 있다. 특히 진각종 등과 같이 밀교계통의 종단에서 이 진언을 행할 때 취하는 자세다. 이때 중요한 것은 손가락의 결인結印이다.

진각종에서는 주로 금강권과 지권인을 한다. 금강권이란 오른손 엄지손가락을 둘째와 셋째 손가락 사이의 셋째 마디에 놓는 결인이다. 둘째와 셋째 손가락으로 엄지손가락을 감싸면서 집게손가락 끝을 구부려서 엄지손가락의 첫째 마디에 갖다놓으면 된다. 이때 왼손 바닥을 포개어 오른손을 덮는다.

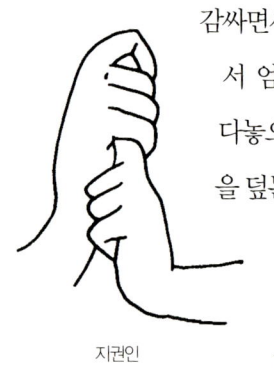
금강권

지권인

정식으로 반가부좌하여 하는 결인인 지권인은 우선 왼손으로 금강권을 하되, 집게손가락을 세운다. 다음으로 오른손 엄지손가락을 셋째와 넷째 사이의 셋째 마디에 놓은 후, 왼손의 집게손가락을 오른손 엄지손가락에 연결한다. 마지막으로 오른손 집게손가락 끝을 구부려서 엄지손가락의 첫째 마디에 둔 상태에서 두 손을 가슴의 명치에 두는 결인이다.

 이때 호흡과 조화를 이루면서 다라니를 외우면 집중이 잘 된다. 곧 먼저 모든 신체의 긴장을 풀고 단전을 불리면서 숨을 들이 마신다. 그 다음 천천히 숨을 내쉬면서 배를 꺼지게 한다. 이렇게 1분에서 3분 정도 반복하다가 호흡이 규칙적으로 잡힐 때 다라니를 지송하면 된다.

3
딴뜨라불교의 진언 수행

우리나라에서 하는 진언 수행의 대부분은 별도의 관정의식을 요구하지 않는다. 그러나 최근에는 티베트나 몽골, 일본불교와 접할 기회가 많아지면서 해당 지역의 밀교 수행을 실천하는 사람이 늘고 있다. 진언 수행은 관계된 경전과 의궤에 통달한 자격 있는 스님의 지도를 받아야 한다. 따라서 대부분의 밀교 수행 도장에서는 수행자의 자격을 엄격히 심사하고, 밀교의 전법자인 아사리 또는 자격 있는 스승의 지도를 받게 한다. 티베트의 딴뜨라불교로 일컬어지는 무상유가 밀교를 수행할 경우에는 더욱 그러하다. 곧 딴뜨라 경전에는 8지 이상의 보살들에게만 법을 전하도록 되어 있어 특별한 인연이 아니면 쉽게 접근할 수 없도록 제한을 두고 있다.

딴뜨라불교는 인간의 오감을 억제하지 않고 범부의 번뇌와 육신을 진리의 실상으로 관하는 독특한 수행법이다. 궁극적으로는 수행자의 육신과 중유, 죽음을 부처님의 화신과 수용신, 법신으로 승화하려는 목적에서 생기차제生起次第와 구경차제究竟次第라는 생리적 관법이 이용되기도 한다.

딴뜨라불교는 생소한 의식과 도상이 있지만 대체적으로 대승불교의 공성空性과 자비에 진정한 의미를 체득하려는 것이 근본 목적이다. 《대지도론》에는 "반야바라밀 가운데 어떤 이는 반야는 공空이라 말하기도 하는데, 이것은 낮은 해석[淺義]이다. 어떤 이는 세간법이 곧 열반과 같다고 하는데, 이것이야말로 깊은 뜻의 해석[深義]이다. 색色 등의 제법은 곧 불법이다"라고 설해져 있다. 《대지도론》의 내용은 공성의 참다운 이해는 존재의 부정이 아니라 공성으로서 올바른 실상實相을 드러내는 데 있음을 밝히고 있다. 딴뜨라불교는 이와 같은 대승불교의 사상이 실제 수행으로 전개된 것이다.

딴뜨라불교의 수행은 과정상 자격이 갖추어진 제자가 관정의식灌頂儀式을 통해 입문과 전법, 인가 과정을 차례로 거치게 된다. 관정은 본래 인도의 왕위 즉위식에서 오해五海의 물을 병에 담아 왕자의 정수리에 붓던 의식이었다. 보살십지에 있어서도 최후의 법운지法雲地를 관정지라고 부르는 이유도 여기서 비롯되었다.

딴뜨라불교는 현생에 성불을 기대할 정도로 밀교의 속질성불速疾成佛의 면모를 갖추고 있다. 따라서 경전에서는 근기가 미약한 수행자는 감당키 어려워 잘못하면 오히려 지옥에 떨어진다고 경고하기도 한다. 어쨌든 한국불교 입장에서는 생소한 점이 많고 매우 난해하기 때문에 실제 수행을 하는 경우에는 사전 지식을 충분히 습득하고, 아사리가 요구하는 조건들을 충분히 구비하는 것이 바람직하다.

4
진언 · 다라니 수행과 마장

《대일경소》의 주장

천태대사는 도고마성道高魔盛이라고 했다. 도고마성이란 참선, 염불, 주력 등의 수행이 깊어질수록 그만큼 마장도 많아져서 수행자를 방해하는 것을 두고 하는 말이다. 진언과 다라니 수행 역시 수행 단계가 깊어지면서 평상시에 겪지 못한 신비로운 현상들을 경험하게 된다. 물론 이 같은 현상은 수행이 향상되고 있다는 증거이기도 하지만 잘못된 수행 과정이나 마음가짐으로 인해 발생하는 마장일 수도 있다. 수행 과정에서 만나게 되는 마장의 형태는 사람마다 다르다. 따라서 진언이나 다라니를 독송하다가 미심쩍은 현상이 나타나면 일단 독송 횟수나 수행 시간 등을 줄이고 추이를 지켜보는 것이 좋다. 그렇게 해도 개선이 되지 않고 같은 증상이 반복

되면 선지식을 찾아가 지도를 받아야 한다.

선무외삼장은《대일경소》에서 진언 수행 중에 나타나는 모든 장애는 '망령된 집착[妄執]'에서 생긴다고 했다. 비록 마장의 유형이 다양하고 사람마다 나타나는 현상이 다르지만 마장이 발생하는 가장 근본적인 이유는 수행자 내면에서 비롯되는 망집 때문이다. 마장의 근원은 망집이지만 현상적으로 마장의 발생은 잘못된 마음가짐과 잘못된 자세에서 기인한다.

첫째, 잘못된 마음가짐에서 나타나는 마장은 진언 수행의 의욕을 잃게 한다. 잘못된 마음가짐이란 수행자가 진언을 신뢰하지 않거나, 나태한 마음을 뜻한다. 둘째, 신체적 이유나 잘못된 수행 자세로 인한 마장이다. 예를 들어 술을 마시고 마음이 흥분되거나 또는 지나치게 편안한 자리에 앉아서 주력을 해도 수행에 방해가 된다. 따라서 이와 같은 마장을 방지하기 위해서는 반드시 풀을 깔아 수행할 자리를 만들고, 교만한 마음과 게으름을 다스려야 한다고 경책하고 있다. 풀을 깔고 앉아서 수행해야 한다는 것은 현대적 상황에서 볼 때 현실성이 없을 수도 있다. 그러나 분명한 것은 수행하면서 육체적 편안함을 추구해서는 안 된다는 것이다.

《현밀원통성불심요집》의 주장

근본적으로 진언과 다라니의 독송은 불보살의 가피를 구하는 염불이나 출세간의 수행을 위한 선정과 같기 때문에 주의할 점도 염불과 참선에 준한다고 할 수 있다. 요나라 시대에 활동한 도액 스님이 저술한 《현밀원통성불심요집》에는 진언 수행에서 나타나는 마장에 대해 다음과 같이 설명하고 있다.

> 《대비심경大悲心經》에 설하기를 다라니는 선정장禪定藏이라 하였다. 백천삼매가 언제나 현전하기 때문에 만약 사람이 긴장하여 지송하게 되면 여러 가지 마장과 마주치거나 홀연히 두려워지며, 혹은 혀가 굳어 지송하기 어렵게 되거나, 혹은 신심이 불안하게 된다. 혹은 화가 많이 나거나, 잠이 많아지거나, 혹은 여러 가지 이상한 모습을 보기도 한다. 따라서 진언에 대해 의심이 생기고, 지송하고 싶은 의욕이 없어진다.

위에서 말하는 다라니는 천수다라니를 가리키는 것으로 다라니의 독송이 수선修禪의 한 방편으로 활용되었음을 알 수 있다. 도액 스님은 이를 심행心行을 닦는 것이라고 부르면서 심행은 의식 경계의 변화를 가리키는 것이기 때문에 참선이나 진언, 염불 등의 수행이 깊어지면 비록 수행법이 다르다고 할지라도 마주치는 마장의 형태 또한 유사하다고 말하고 있다.

도액 스님 역시 선무외삼장과 마찬가지로 진언 수행에서 나타나는 장애에 대해 '두려움', '불안', '분노', '졸림' 등이 나타날 뿐만 아니라 진언 수행에 대한 의심이 생겨나서 수행에 대한 의욕이 떨어지고 여러 가지 이상한 모습을 보게 된다고 지적하면서, 나타나는 현상을 다음과 같이 설명하고 있다.

> 심행을 닦는 자는 간혹 꿈에서 선하거나 악한 경계를 보거나, 혹은 여러 가지 마장과 마주치게 된다. 혹은 거슬리거나, 좋은 경계가 나타나거나, 혹은 여러 가지 선악의 소리를 듣기도 한다. 또는 벌레가 몸 위를 기어다니거나, 신심이 불안하여 생각과 걱정이 많아지기도 한다. 그리고 마음을 관할 때 여러 가지 상相이 나타나기도 한다.

그리고 이상과 같은 현상은 모두 수행을 방해하는 마장이므로 이런 증상이 나타나면 다음과 같은 대치법對治法으로 극복하라고 설명한다.

> 이때 본래 관하려는 목적과 상응치 않는 것들이 나타나면 모름지기 꿈과 같고 환幻과 같으며, 모두가 실체가 아니라고 생각해야 한다. 그리고 보는 것마다 모두 자신의 진심이 나타내는 경계로

생각해야 한다. 곧 《기신론》에 이르신 "오로지 유심唯心임을 생각하면 경계가 곧 소멸되어 결국 괴로움에서 벗어나게 될 것이다"라고 한 말을 새겨야 한다.

도액 스님은 설사 수행 과정에서 마장을 만나더라도 절대로 당혹해 하거나 불안해 하지 말 것을 당부하고 있다. 곧 자신이 경험하는 갖가지 기이한 현상들은 꿈과 같은 것이며, 환영과 같아서 실체가 없는 것임을 분명히 알아야 한다고 강조하고 있다. 수행 과정에서 만나는 여러 가지 마장의 실체는 모두 마음에서 비롯된 것임을 알게 되면 자연히 마장이 퇴치된다는 것이다.

《능엄경》의 주장

수행 중에 나타나는 다양한 마장에 대해 구체적이고 상세하게 설명한 경전으로는 《능엄경》을 들 수 있다. 《능엄경》에 따르면 수행이 깊어지면 깊어질수록 갖가지 신비로운 현상들이 나타나 수행자를 현혹하게 된다고 설명하면서 그것을 마장으로 알아차리지 못하면 천마天魔가 깃들어 수행자를 삿된 길로 인도한다고 강조하고 있다. 따라서 수행 중에 갖가지 경계가 나타나면 그것이 곧 마장인 줄 분명히 알아차려서 현혹되지 말 것을 당부하고 있다.

마의 경계가 앞에 나타날 때 그것을 알아차리지 못하면 마음을 바르게 가지지 못하게 되므로 나쁜 소견에 떨어지게 된다. 곧 오음五陰에서 생기는 마魔이거나 하늘에서 오는 마[天魔]이거나 혹은 귀신이 붙거나 도깨비를 만날 때에 마음으로 분명하게 알아 차리지 못하면 도적을 아들인 줄 여기게 된다.

  수행 중에 나타나는 마장은 공포와 두려움 등과 같이 수행자가 보기에 반드시 나쁜 현상으로 나타나는 것만은 아니다. 곧 《능엄경》〈오십변마장〉에 따르면 갖가지 신통 변화를 비롯해 여러 가지 신비로운 현상들이 나타나기도 한다고 설하고 있기 때문이다. 그러면서 이러한 현상들 또한 수행을 통해 얻어야 할 본질적이고 궁극적인 경계가 아니라 수행을 방해하는 마장임을 분명히 알아야 한다. 만약 수행 중에 나타나는 마장을 정확히 알아차리지 못하면 마치 도둑을 자신의 아들로 오인하여 집 안으로 불러들이는 것과 다름이 없기 때문이라고 강조하고 있다.

  《능엄경》에서는 수행에서 만나게 되는 마장을 색음마色陰魔, 수음마受陰魔, 상음마想陰魔, 행음마行陰魔, 식음마識陰魔라는 오온五蘊에 배대하여 설명한다. 그리고 오온의 각 항목마다 다시 10가지 세부 항목을 나열하여 모두 50가지 마장을 구체적으로 설명하고 있다.

다소 장황한 느낌을 줄 만큼 다양한 마장에 대해 상세하게 설명하는 이유는 마장의 행상을 바르게 이해해야 수행 중에 나타나는 신비로운 현상이나 신통력을 깨달음으로 오인하여 현혹되지 않기 때문임은 두말할 필요가 없을 것이다.

《능엄경》에서 설명하는 첫 번째 마장의 종류는 색음마이다. 색음마란 다섯 가지 감각기관[五根]과 그 대상이 되는 오경五境을 매개로 하여 나타나는 마장으로 다음과 같이 요약할 수 있다.

① 신능출애 身能出碍 : 몸이 장애에서 벗어나는 것
② 습출요회 拾出蟯蛔 : 몸에서 회충 등을 집어내도 몸이 상하지 않는 것
③ 공중문법 空中聞法 : 허공으로부터 설법 소리를 듣게 되는 것
④ 견불거대 見佛踞臺 : 천광대天光臺에 앉아 계시는 부처님을 보게 되는 것
⑤ 공성보색 空成寶色 : 허공이 칠보의 빛으로 변함을 보게 되는 것
⑥ 암실견물 暗室見物 : 어두운 방에서 갖가지 물건을 보게 되는 것
⑦ 소작무각 燒斫無覺 : 팔다리가 초목처럼 되어 불타거나 베어도 아프지 않은 것
⑧ 개성불국 皆成佛國 : 시방국토의 강산이 불국토가 되어 광명이 가득함을 보는 것
⑨ 야견원방 夜見遠方 : 밤에도 먼 곳까지 보고 듣고 알게 되는 것

⑩ 지식변이 知識變移 : 선지식의 모습이 순식간에 다른 모습으로
변하는 것을 보게 되는 것

《능엄경》에서는 이상과 같이 육체적 현상으로 나타나는 증상에 대해 "이러한 증상들은 수행 정진으로 인해 잠깐 동안 나타나는 현상으로서 성인이 증득하는 경계가 아니므로 절대로 성인의 경계라는 마음을 갖지 않는 것이 올바른 생각이다. 만일 성인의 경계라는 생각을 하게 되면 여러 가지 삿된 마의 홀림을 받게 된다"고 설하면서, "만일 이런 증상들을 분명히 알지 못하고 성인의 경계에 올랐다고 한다면 이것은 큰 거짓말이 되어 무간지옥에 떨어지리라"는 경계도 잊지 않고 있다.

다음으로 수음마 受陰魔란 감수 작용에 의해 나타나는 마장으로 다음과 같은 열 가지 마장을 말한다.

① 발무궁비 發無窮悲 : 모기와 같은 미물을 보고도 끝없는 비애를 느끼는 것
② 생무한용 生無限勇 : 맹렬한 용기가 일어나서 부처님과 같다고 생각하는 것
③ 갈심심억 渴心沈憶 : 메마른 생각이 나타나 밤낮으로 침울함에 빠지는 것
④ 자시사나 自是舍那 : 스스로 자기 자신을 노사나불이라고 여기는 것

⑤ 생무진우生無盡憂 : 깊은 근심에 빠져 죽고 싶은 충동에 빠지는 것

⑥ 무한희생無限喜生 : 한량없는 기쁨이 생겨서 즐거움을 참지 못하는 것

⑦ 기대아만起大我慢 : 갖가지 교만심이 생겨나 부처님마저 우습게 여기는 것

⑧ 경안자재輕安自在 : 한없는 편안함을 느끼고 성인의 자재함을 얻었다고 생각하는 것

⑨ 발무인과撥無因果 : 모든 것이 공하다는 허무주의에 빠져 인과를 부정하는 것

⑩ 무한애생無限愛生 : 육신에 대한 끝없는 애착을 느껴 음욕이 발생하는 것

　이상과 같은 수음마는 모두 실체가 없는 망상이 근본이 되어 나타난 마장들이다. 따라서 수행을 하다가 자신이 깨달은 것 같은 기분이 들고, 갖가지 신비로운 신통력이 나타난다 하더라도 절대로 그것을 깨달음이나 수행의 증득證得이라고 현혹되어서는 안 된다.
　이 밖에도 《능엄경》에서는 모두 50가지의 마장을 나열하고 있다. 따라서 마장에 대한 보다 자세한 내용은 《능엄경》 변마장 등을 참조하여 절대로 그릇된 길을 바른 길로 오인하는 일이 없도록 주의해야 할 것이다. 분명한 것은 아무리 마장이 치성하게 나타난다

고 할지라도 그것을 마장인 줄 알아차리고 대처하면 자연스럽게 극복할 수 있다는 것이다.

> 마와 귀신들이 아무리 성을 내더라도 저들은 티끌 번뇌 속에 있는 것이요, 너는 묘각 가운데 있는 것이므로 바람으로 광명을 끄는 것과 같으며, 칼로 물을 베는 것과 같아서 너를 조금도 건드리지 못할 것이다.

비록 수행 중에 갖가지 마장이 발생하지만 그것은 어디까지나 번뇌에서 비롯된 것이므로 실체가 없다. 따라서 마치 바람이 태양의 광명을 불어 끄지 못하는 것과 같고, 칼로 물을 벨 수 없는 것과 같아서, 바른 견해를 가진 수행자는 결코 해치지 못한다. 그래서 《능엄경》에서는 비록 마장이 신통 변화를 보인다고 할지라도 그것은 마치 얼음과 같아서 끓는 물과 같은 수행자를 해칠 수 없다고 했다.

그러나 이것은 어디까지나 수행자가 자신에게 일어나는 현상들이 마장이라는 사실을 분명하게 직시하고 있을 때만이 가능한 일이다. 그러므로 주력을 하면서 평소 나타나지 않던 신비로운 현상이 나타나거나, 깨달은 것 같은 기분이 들거나, 기분이 좋고 날아갈 듯 하거나, 과거와 미래의 일이 보이거나, 사람의 운명을 알아맞

히는 것과 같은 신통이 나타나면 곧바로 그것이 모두 마장인 줄 알아차려야 한다. 수행의 근본 목표는 어디까지나 자성을 깨우치는 것이므로 신통 기적이나 저급한 영의 도움에 현혹되어서는 안 되기 때문이다.

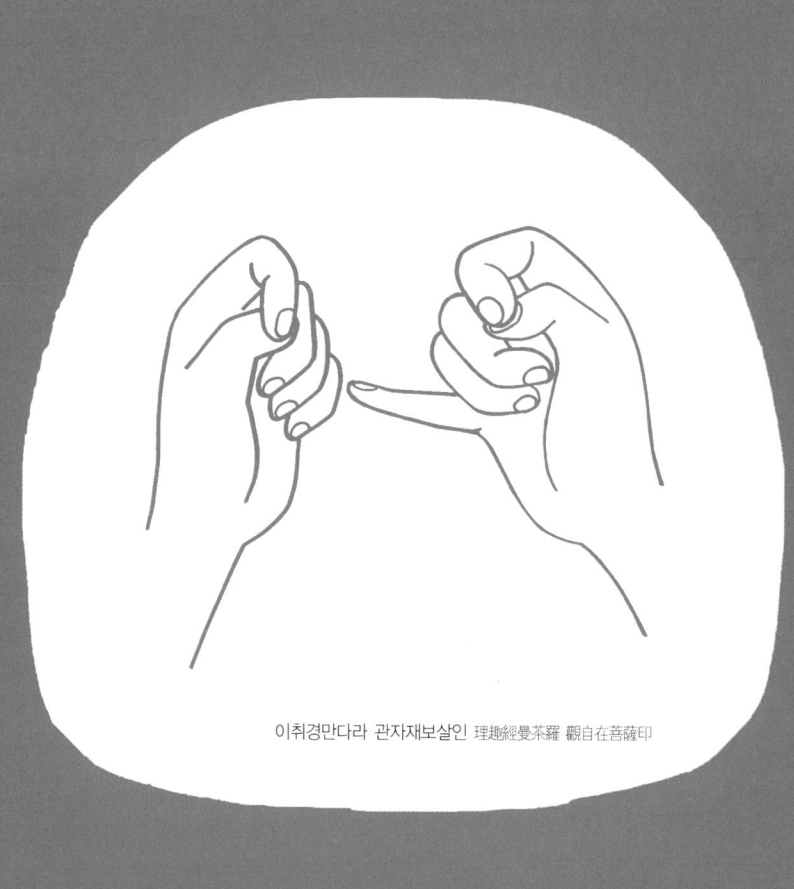

이취경만다라 관자재보살인 理趣經曼茶羅 觀自在菩薩印

제4장

상용 진언·다라니와 수행 절차

1
천수다라니와 《천수경》

천수다라니의 역사

진언이나 다라니는 그것을 담고 있는 경전의 유포를 통해 널리 알려지고 염송되기 시작했다. 현재 한국 사찰에서 아침저녁으로 독송되고 있는 천수다라니는 하나의 판본에서 연유한 것이 아니라 여러 판본 가운데서 발췌하여 편찬된《천수경》이다. 곧 현재 유통되는《천수경》은 우리나라에 전래된 여러《천수경》들을 모아 독송용으로 편집한 것으로 일반 불교의례에서 사용하기 위해 한국불교의 실정에 맞게 새로 편찬한 것이다.

곧 《천수경》류 경전은 '천수천안 관세음보살과 관련된 신앙 규범과 다라니를 담고 있는 경전의 총칭'이라 말할 수 있으며, 그 종류는 대략 18종에 이른다. 이 가운데 한국에서 독송되고 있는

《천수경》은 가범달마伽梵達磨가 번역한 《천수천안관세음보살광대원만무애대비심다라니경》을 기초로 삼은 것이다.

천수다라니가 설해진 연기는 《천수경》에서 대범천왕과 관세음보살과의 문답에서 찾아볼 수 있다. 경전에는 천수다라니를 설하게 된 이유를 묻는 대범천왕의 질문에 관세음보살이 다음의 아홉 가지 마음을 알기 위해 설한 것이라고 답하는 장면이 나온다. 아홉 가지 마음이란 자비심慈悲心·평등심平等心·무위심無爲心·공경심恭敬心·무상보리심無上菩提心·공관심空觀心·무견취심無見取心·무염착심無染着心·무잡란심無雜亂心이다. 이 아홉 가지의 마음은 불교의 근본 가르침이라 말할 수 있다.

이처럼 천수다라니는 관세음보살의 지혜와 자비를 응축해 놓은 경전이지만 대부분의 불자는 그저 관세음보살의 위신력에 의지해 그 가피를 얻기 위해 독송한다. 그러나 천수다라니를 독송하는 근본 목적은 독송자가 앞의 아홉 가지 마음을 알고 불교에 대한 이해를 넓혀 자비를 실천하는 데 있다. 이처럼 천수다라니는 불자들의 삶의 지침서이자 마음공부를 위한 교과서이며, 종교생활의 주요한 근간이 된다. 따라서 천수다라니를 무작정 외기보다는 이러한 관세음보살님의 가르침을 생각하면서 지송해야 올바른 불교 수행법이 될 수 있을 것이다.

천수다라니의 염송 의궤

　천수다라니의 염송은 형식에 구애받지 않고 독송하는 방법과 의궤에 설해진 절차에 따라 독송하는 방법이 있다. 한국불교가 조선시대를 거치면서 사찰양식이나 의식에서 간소화가 이루어졌던 것처럼 천수다라니의 염송도 형식과 절차가 간편해진 것이다.

　천수다라니의 독송 의례를 설명한 책들을 살펴보면 어떠한 마음가짐과 정신으로 다라니를 염송해야 하는지에 대하여 상세히 설명하고 있다.

　염송 의례를 소개한 대표적인 책으로 중국 송나라의 지례知禮 스님이 저술한 《천수천안대비심주행법》이 있다. 이 책은 천수다라니를 어떻게 외우고 수행해야 하는가에 대한 절차와 형식을 잘 보여주고 있는데 여기서 설명한 천수다라니의 독송 절차를 간략히 정리하면 다음과 같다.

① 수행 장소 꾸미기

　수행 장소를 깨끗이 하는 것을 말한다. 곧 천수다라니를 염송할 장소를 깨끗이 치우고, 깃발과 연등으로 장식하고 향과 음식을 공양하는 것이다. 대승 경전에는 "향기로운 흙으로 땅을 바르고 여러 깃발과 일산日傘을 걸며, 불상을 남쪽으로 향하도록 모시고 관음상은 따로 동쪽을 향하도록 한다"라고 설해져 있다.

　수행 장소 내에는 천 개의 손과 천 개의 눈을 갖춘 관음상千手

眼觀音像]이나 마흔 개의 손을 갖춘 관음상[四十手觀音]을 모신다. 만약 이러한 관음보살상이 없으면 여섯 손이나 네 손을 갖춘 관세음보살상 또는 석가모니 불상이나 대세지보살상을 모셔도 무방하다. 경전에는 "현세에 소원을 이루고자 하는 사람이 21일 동안 깨끗이 계를 지키고 이 다라니를 외우면 반드시 원하는 바를 이룬다"라고 설해져 있다.

② 몸과 입과 생각을 깨끗이 함

말 그대로 몸, 언어, 생각을 깨끗이 하는 것이다. 다라니를 지송하는 자는 먼저 넓고 큰 깨달음의 마음을 내고 온갖 중생을 건지고자 하는 서원을 세우고 엄숙한 마음과 계율을 지녀야 한다. 그리고 깨끗이 목욕하고 정갈한 옷으로 갈아입은 다음, 조용한 곳에서 마음을 한곳에 거두어 잡념을 일으키지 않아야 한다.

경전에는 다음과 같이 설하고 있다.

> 큰 가사나 새로 물들인 옷을 입어야 한다. 만약 새 옷이 없을 때는 헌 옷 가운데 좀 나은 옷을 가려 도량에 들어가는 옷으로 삼아야 하고, 도량을 벗어나 깨끗하지 못한 곳에 갈 때는 평상복으로 갈아입고 나가야 한다. 일을 마친 후에는 반드시 목욕하고 본래의 깨끗한 옷으로 갈아입고 도량에 들

어 수행을 계속 행해야 할 것이다.

비록 더러운 곳을 가지 않았다 하더라도 반드시 하루에 한 번 몸을 씻고, 수행 기간이 끝날 때까지는 잡된 말을 하지 않으며, 사람들을 만나서 불필요한 문답을 하지 말아야 한다. 수행 기간 동안에는 경전에 의지하여 생각하며, 찰나의 순간일지라도 세상의 부질없는 일을 생각하지 말아야 하며, 대소변 볼 때나 먹고 마실 때도 반드시, 한 생각을 잘 가다듬어 마음이 흩어지지 않도록 해야 한다. 그리고 일을 마친 다음에는 곧바로 도량에 들어가서 공부에 집중해야 한다.

③ 깨끗한 수행 공간을 정함

수행 공간과 그렇지 않은 곳을 가려야 함을 말한다. 곧 수행자는 독송을 시작하는 날을 잡아서 수행하는 곳을 깨끗이 정리하고 법에 따라 수행 공간의 구역을 정해 다른 공간과 구별해야 한다. 이렇게 공간을 구별하는 것을 결계結界라고 하는데 경에 설해진 결계 짓는 법을 살펴보면 다음과 같다.

깨끗한 구역을 설정하는 법은 칼을 들고 군다리 진언(옴 아무리테 훔 팻)을 21번 외운 뒤에 땅에

금을 그어 결계하거나, 깨끗한 물을 가지고 진언을 21번 외운 뒤 사방에 뿌려 결계한다. 또는 흰 겨자를 가지고 진언을 21번 외운 뒤 사방에 던져서 결계하기도 하고, 또는 진언을 외우다 생각이 이르는 곳에 결계한다. 또한 깨끗한 재를 가지고 진언을 21번 외운 뒤 결계하거나, 오색의 실을 가지고 진언을 21번 외운 뒤 사방에 둘러쳐서 결계하기도 한다.

여기서 중요한 것은 수행에 들기 전에 마음과 처소를 청정히 하는 것이다. 곧 군다리진언(옴 아무리테 훔 펫)을 21번 외우면서 마음과 장소를 청정히 하는 것이다. '21'은 다라니 수행에서 자주 나오는 숫자다. 밀교 수행자가 지니는 염주를 보면 모주母珠로부터 21번째의 염주에 다른 색깔의 염주를 넣는데, 이것은 수행자에게 21번째라는 것을 알리기 위한 것이다.

④ 공양을 올림

불·법·승 삼보에게 예를 올리고 부처님의 지혜를 얻고 보살도를 행하기 위해 서원을 세우는 것을 말한다.

⑤ 삼보와 천신들을 청함

불·법·승 삼보와 여러 천신에게 청하여 자신의 수행이 원만히 이루어지도록 기도하는 것이다.

⑥ 우러러 찬탄하고 정성을 보임

관세음보살에 대한 마음의 기도다. 간절한 정성을 들여 자신의 소원을 말하되, 그 원이 생사의 번뇌를 키워나가는 것이 아니라 중생을 이롭게 하는 것이 되도록 하는 것이 좋다.

⑦ 예배

삼보에 대한 마음의 기도다. 삼보에게 예배함으로써, 삼보 속에 구현된 삶의 실상을 생활 속에 구현하는 것이다. 그리하여 법계의 연기상을 자신의 한 생각, 한 몸 속에 실현하고자 정진하는 것이다.

⑧ 원을 세우고 다라니를 외움

중생에 대한 지극한 자비심을 가지고 원願을 세운 다음, 관세음보살을 생각하며 천수다라니를 염송하는 것이다. 곧 자비로운 관세음보살이 곧 나의 참모습임을 명심하고, 그 참모습으로 돌아가고자 정진하면서 모든 중생을 구제하겠다는 원을 세우는 것이다. 원을 세우고 난 후에는 자신이 관세음보살과 아미타여래 앞에 서 있다고 생각하고 불구덩이에 빠진 자나 물에 빠진 자가 구제를 바라듯 간절하게 관세음보살을 불러야 한다. 시간이 없을 때는 일곱 번을 부르고 시간이 넉넉할 때는 여러 번 불러도 무방하다. 이렇게 한 뒤에 다라니를 외운다.

⑨ 참회

자신이 지은 악행과 죄에 대한 참회다. 수행자가 다라니를 외운 뒤에는 모든 생활의 장애가 모두 과거의 원인에서 비롯된 것임을 자각해야 한다. 곧 현재의 자신 속에는 과거와 지금의 생활 속에서 비롯된 여러 가지 업이 쌓여 있는 것이기에 만약 참회하지 않으면 해탈할 길이 없으며 가피를 받을 수 없게 되는 것이다. 그러므로 반드시 삼보께 귀의하여 나의 모든 죄가 없어지기를 간절히 기원해야 한다.

⑩ 다라니의 참모습 보기

참회가 끝난 다음 오늘 수행한 다라니의 실상을 살피는 것이다. 참회를 마친 다음, 도량을 벗어나서 별도로 마련한 자리로 돌아가 경전에 의지해 바른 관행觀行을 닦는 것을 말한다. 관행이란 다라니의 소리와 의미, 독송의 목적을 관하는 것이다. 즉, 대자비심大慈悲心과 무염심無染心, 평등심平等心, 무상보리심無上菩提心 등 앞에서 살펴본 다라니 지송의 아홉 가지 의미들을 음미하면서 끝없는 수행을 계속하는 것을 의미한다.

이상의 내용은 천수다라니(또는 《천수경》)를 수지, 독송하는 의례의 일반적인 형태로서 《천수경》에 대한 신앙과 다라니의 염송이 점차 의궤화되어 왔음을 보여 준다. 이처럼 초기의 소박한 의례부터 밀교적으로 의궤화된 여러 판본의 《천수경》과 다라니가 정리되어 현재의 유통본 《천수경》이 형성된 것이다.

앞에서 제시한 천수다라니의 독송 절차는 재가자들이 실천하기에 현실적으로 적합하지 않을 수도 있다. 그러나 다음의 몇 가지 사항만은 반드시 유념할 필요가 있다.

① 진언 수행의 장소를 청결히 하고, 언행과 마음가짐을 정결히 한다.
② 수행 장소에 관음보살상이나 석가모니불 또는 다른 보살상을 모신다. 이것이 여의치 않으면 마음속으로 불상을 관상(觀想)하는 것으로 대신해도 무방하다.
③ 수행에 들어가기 전에 3일이나 또는 7일 등 일정한 기간 동안 계행을 잘 실천하여 몸과 마음을 정화한다.
④ 기도하는 공간을 별도로 정하고, 그곳을 성스럽게 생각한다.
⑤ 다라니를 외우기에 앞서 여러 불보살과 천신들, 또는 관세음보살에게 예를 올린다.
⑥ 간절한 마음으로 원을 세우되, 큰 자비심을 일으켜 남을 위해 기도한다.

⑦ 다라니를 염송할 때는 다라니에 마음을 집중해 염송한다.
⑧ 다라니의 공덕과 능력을 의심하지 않는다.
⑨ 기도가 끝나면 자신의 과거 잘못을 참회한다.

　　이처럼 《천수경》 또는 천수다라니의 독송을 위해서는 준비·예경·발원·참회·염송 등의 최소한의 절차가 필요하다. 따라서 이러한 독송 수행의 기본적인 틀을 염두에 두고 수행해야 할 것이다.

2
능엄주와 《수능엄경》

　능엄주楞嚴呪는 《능엄경楞嚴經》 제7권에 수록되어 전해지는 다라니다. 현재 한국불교에서 유통되는 능엄주는 이 《능엄경》에서 발췌한 것으로, 대장경 내에 범자梵字를 음역한 한자 음역을 다시 한글음으로 바꾸어 사용하고 있다. 한글 음역으로 옮길 때 약간씩 다르게 음사되면서 길이가 조금씩 달라진 경우는 있지만, 다라니의 내용에는 크게 변함이 없다. 능엄주의 길이는 현재 427구를 기본으로 한 것이 가장 많이 유통되고 있다. 439구로 된 능엄주도 통용되고 있으나, 모두 동일한 내용으로 음율상 편리하게 음송하기 위해 구를 나누어 놓은 것뿐이다.
　경우에 따라서 510구나 530구로 된 것도 있지만 이것 또한 모두 427구의 능엄주를 변형한 것이다. 또한 번역자들에 의해서 음역표기가 많이 달라진 것도 있는데 이것 역시 본질적으로 큰 차이는 없다. 현재 한국에서 통용되는 능엄주 외에도, 돈황 등지에서 발견된 능엄주를 비롯해 여러 종류가 유통되고 있어 앞으로 이에 대한 연구가 기대된다.

《능엄경》은 아난이 걸식하는 과정에서 주술에 능했던 마등가 mātaṅga에 의해 파계될 뻔한 내용으로 시작된다. 그 광경을 본 부처님이 아난을 구출한 후, 수능엄삼매를 보여주고, 아난에게 그 수행법을 자세히 설한 내용으로 이루어져 있다. 특히 제4권에서 제6권까지는 올바른 수행을 하기 위한 마음가짐에 대한 설명이며, 제7권은 어떻게 하면 수행과 신심을 잘 다스려 도를 완성할 수 있는지 그 방법을 말하고 있다. 이러한 방법의 하나로 계를 잘 지키고 부처님께 경배하거나 능엄주를 지송하는 방법 등을 소개하면서 능엄주가 등장한다.

일반적으로 《능엄경》을 《수능엄삼매경》이 후대에 증광된 형태로 보기도 한다. 《수능엄삼매경》은 삼매 가운데에서도 가장 으뜸이 되는 수능엄삼매를 얻는 수행법을 설한 경전이기 때문이다. 수능엄삼매란 '용맹정진하여 삼매를 닦는 것', 또는 '용맹정진하여 얻는 삼매'라는 의미다.

능엄주는 《능엄경》 속에서 이러한 수능엄삼매의 경지를 열어주는 주문이다. 이상과 같은 경전 상의 배경 때문에, 능엄주는 선 수행을 하는 수행승을 비롯해 청정 비구들에게 중요한 수행으로 자리 잡게 되었다. 특히 《능엄경》은 중국과 한국의 강원에서 필수 과목으로 선정된 과목이기에 그 주석서도 백여 종류에 이르며, 따라서 오랫동안 동북아시아 불교의 중요한 수행 지침으로 활용되어 왔다.

능엄주 독송은 천수다라니의 《천수천안대비심주행법》과 같이 다라니를 외우는 절차와 규범이 의궤의 형태로 경전에 명시되어 있지는 않다. 곧 천수다라니의 경우는 《천수경》을 한 번 독경하는 것만으로 다라니를 독송하는 모든 절차가 온전히 갖추어져 있지만 능엄주 독송의 경우는 그러한 절차가 표준화되어 있지 않은 것이다.

따라서 능엄주 수행을 하는 도량과 수행자에 따라서 각각 다른 절차를 가질 수 있겠지만, 적어도 준비·예경·발원·참회·염송 등의 기본 절차는 모두 갖추는 것이 바람직하다. 실제 대표적인 능엄주 수행도량에서 진행되는 의례를 보면 이상에서 예시한 절차에서 크게 벗어나지 않는다. 구체적으로 능엄주 독송의 진행 의례를 제시하면 아래와 같다.

예시 1]

① 향을 사름[焚香] - 오분향례

'계향 정향 …… 무량불법승' 및 헌향진언 '옴 바라 도비야 훔'
(3회)

② 삼보에 대한 예배-예불문

"지심귀명례 …… 자타일시성불도"

③ 정구업진언 淨口業眞言

"수리수리 마하수리 수수리 사바하"

④ 오방내외안위제신진언 五方內外安慰諸神眞言

"나무 사만다 못다남 옴 도로도로 지미 사바하"(3회)

⑤ 개경게 開經偈

"무상심심미묘법 백천만겁난조우 아금문견득수지 원해여래진실의"

⑥ 개법장진언 開法藏眞言

"옴 아라남 아라다"(3회)

⑦ 능엄주

"스타타가토스니삼 시타타파트람 아파라지탐프라퉁기람 …… 스바하"

⑧ 회향게

"상래현전청정중 풍송능엄비밀주 …… 마하반야바라밀"

⑨ 발원문

※ 내용 전문은 불교의식 참조

위의 절차는 보통 정기적인 철야기도나 용맹정진을 할 때 볼 수 있는 격식을 갖춘 일반적 순서이다. 위의 절차와는 약간 다르게,

① 분향(焚香) 뒤에 바로 108참회를 하고 정구업진언을 외우는 경우도 있고, ⑧ 회향게 다음에 전경[독경]이 뒤따라오는 경우도 있다. 마찬가지로 발원문으로 끝을 맺는다.

참고로 이보다 훨씬 간소한 절차를 예시하면 다음과 같다.

예시 2]
① 향을 사룸[焚香]
② 죽비를 세 번 치고 다라니 염송을 시작함.
③ 능엄주
④ 회향게
⑤ 죽비를 세 번 치고 다라니 염송을 마침.
 (능엄주를 장기간 할 경우 좌선이나 포행을 할 수 있다.)
⑥ 죽비를 세 번 치고 다시 한 번 쳐서 좌선에 들어감.
⑦ 죽비를 세 번 쳐서 좌선을 마침.

이외에도 능엄주 전후에 정근과 108배를 같이 할 수 있으며, 이때 능엄주 독송의 횟수는 개인이 정하면 된다.

3
육자진언과《육자대명왕경》

유래와 출처

관세음보살의 본마음을 드러내는 본심진언인 육자진언六字眞言은 천수다라니와 함께 한국불교의 중요한 진언 수행 방법 중 하나다. 특히 밀교 종단인 진각종, 총지종 등에서는 주된 수행으로 육자진언 염송과 육자관六字觀 : 육자진언 자체에 다섯 부처님五佛이 존재함을 마음속으로 바라보는 관상법을 채택하고 있다. 조계종 내에서는 육자진언 수행을 체계적으로 하는 곳이 드문 편이다.

육자진언이란 '옴 마니 반메 훔'의 여섯 자 진언을 반복 독송하는 것으로, 여기서 '옴 마니 반메 훔'은 "옴, 연꽃 속의 보석이여"라는 의미이다. 육자진언 수행의 경전적 근거는 대체로, 10세기경 한역된《대승장엄보왕경大乘莊嚴寶王經》이라 보고 있다.

《대승장엄보왕경》은 석가모니부처님이 전생에 과거칠불로부터 들은 관자재보살의 중생 구제의 모습을 제개장보살除蓋障菩薩에게 설명하는 형식으로 되어 있다. 이 대화 속에 등장하는 관자재보살은 뛰어난 위신력으로 지옥을 비롯한 육도의 중생을 구제하는 모습을 보여준다. 부처님은 관자재보살이 이러한 위신력을 갖추고 중생 구제를 할 수 있었던 것은 육자진언 '옴 마니 반메 훔'을 지송한 공덕 때문이라고 말씀하시고, 자신이 육자진언을 만나게 된 경위와 육자진언이 지닌 공덕상을 상세히 이야기한다.

비록《대승장엄보왕경》이 육자진언의 수행과 공덕을 설하고 있다 하더라도, 우리나라의 육자진언 수행과 더 밀접한 관계가 있는 것은, 오히려 대장경 내의 경전이 아닌 우리나라에서 찬술되어 유통되고 있는 육자진언 관련 경전들이다. 이 찬술경전에 속하는 것으로는《성관자재구수육자선정聖觀自在求修六字禪定》을 비롯해《관세음육자대명왕신주경觀世音六字大明王神呪經》,《육자대명왕다라니경》,《육자대명왕경六字大明王經》,《육자대명왕경지송법六字大明王經持誦法》,《육자영감대명왕경六字靈感大明王經》등을 들 수 있다.

이들 경전은 고려대장경이나 대정신수대장경 등을 비롯한 한역경전漢譯經典 중에서는 전혀 찾아 볼 수 없는 경전들이다. 따라서 우리나라에 전승되고 있는 이와 같은 육자진언 관련 찬술집들이 언제 어떤 과정을 거쳐서 성립되었는지 현재로서는 단정하기 어렵다.

다만, 20세기 초까지도 용성 스님과 같은 분들이 《육자대명왕다라니경》, 《육자대명왕경六字大明王經》, 《육자대명왕경지송법六字大明王經持誦法》 등을 번역하거나 발췌·편집하기도 했다는 전언은 이러한 경전들이 과거로부터 전승되어 크게 유통되었음을 시사해주고 있다. 일부에서는 이 내용들이 티베트의 육자진언 교전인 《마니칸붐Maṇi bkaḥ ḥbum》의 내용을 부분적으로 차용하고 있다고 주장하는데, 이에 대해서는 그 전파 과정에 대해 좀 더 구체적이고 역사적인 증명이 필요하다.

현재로서는 육자진언의 경전적 근거를 《대승장엄보왕경》이라고 보는 것이 타당하다. 그 이유는 육자진언의 구체적 수행법이 《대승장엄보왕경》을 통해서 충분히 확보되고 있기 때문이다.

실제작법

육자진언은 '옴 마니 반메 훔'이라고 하는 여섯 글자로 된 진언을 말하는 것으로 앞서도 언급했듯이 '연꽃 속의 보석'이라는 의미다. 그러나 언어적 의미보다는 그것이 상징하는 말의 본래적 의미가 더 중요하다 할 것이다. 이 육자진언을 조계종 내에서 체계적으로 수행하는 곳은 찾아보기 어렵다. 다만 요즘 들어 이 육자진언을 개별적으로 암송하는 경우가 늘어나고 있는 추세이다.

이 육자진언 역시 일정한 지송 절차에 따라 수행하면 좋을 것이다. 종단 내에는 이에 따른 체계가 아직 설정되어 있지 않아서 그 대안으로 천수다라니를 지송하는 사례를 적용하면 바람직할 것으로 보인다. 그 밖의 다라니 수행도 이에 의거하되, 주존 불보살에 따라 내용을 바꾸어 진행해도 좋을 것이다. 다음은 이에 따른 절차다.

① 향을 올린다.
② 다음과 같이 예불을 올린다.
  "삼보님은 깨달음의 배, 이 배 타고 나도 가리라
  육바라밀 돛을 올리고 중생 함께 성불하리라 (반배)
  아미타불 깨달음의 배 이 배 타고 어서 가리라
  나와 함께 모든 이웃들 왕생성불 소원입니다 (반배)
  번뇌의 몸 바치나이다 어두운 죄업
  바치나이다
  이기심을 바치나이다 왕생발원
  하옵나이다"(반배)
  "나무 대자대비 구고구난 관세
  음보살마하살"(3번)
③ 육자대명왕진언
  "옴 마니 반메 훔"(시무외인을
  하고 관상하면서 108번이나
  1080번)

마투라불상의 시무외인

④ 다음과 같이 발원한다.

"이와 같은 수행의 공덕 원합니다

깨달음 얻어 온갖 번뇌 사라지이다.

생로병사 거친 파도 속 윤회 바다 떠도는 중생

연꽃나라 어서나지다 (반배)

지혜본존 문수보살과 자비본존 관음보살과

지장보살 그러하셨듯 정토 수행 밝게 닦아서

중생 부모 형제께 모든 공덕 회향합니다 (반배)

나무대비관세음보살"

  참고로 진각종, 총지종 등에서 주로 수행하는 '육자진언 염송'과 '육자관六字觀' 법이 지니는 의미를 소개하면 다음과 같다. '육자관' 수행법은 '옴 마니 반메 훔'이란 여섯 글자를 금강계만다라의 다섯 분의 부처님과 한 분의 보살님 그리고 수행자의 신체 특정 부위에 각각 배대한 후, 그것을 마음속으로 생각하며 반복적으로 지송하는 수행법이다.

  곧 '옴'은 비로자나불과 수행자의 비장脾臟인 배꼽에, '마'는 아촉불과 수행자의 간장肝臟인 왼쪽 옆구리에, '니'는 보생불과 수행자의 심장心臟인 명치에, '반'은 아미타불과 수행자의 폐장肺臟인 오른쪽 옆구리에, '메'는 불공성취불과 수행자의 신장腎臟인 하단전에, '훔'은 집금강보살과 수행자의 인후咽喉인 목젖에 각각 놓은 후 부처님과 수행자가 하나라고 관하는 요가수행관법을 말한다. 이때 중요한 것은 오른손(엄지로 무명지의 끝 부분을 댄 채로)으로는 각각의 신체부위를 가리키고 입으로는 각 부위에 해당하는 음(예를 들면 옴, 마… 등)을 소리 내는 것이다.

이제 진각종에서 시행하는 '육자진언 염송'의 수행 절차를 보도록 하자.

예시]

① 참회 (금강합장을 취한다.)
　우주본체와 나를 생각하며 구경성불 하겠노라 다짐한다.
② 발원 (금강합장을 취한다.)
　각자 발원을 한다.
　(금강합장 金剛合掌이란 양손을 합장한 상태에서 오른손을 몸쪽으로 약간 틀어 오른손의 각 손가락이 왼손가락 사이사이에 들게 하는 자세를 말한다. 이 합장은 수행자의 굳건한 신심 그리고 부처님과 행자 간의 상호 공양을 의미하는 것으로 알려져 있다.)

금강합장

③ 서원 (금강합장을 취한다.)
　중생무변서원도 衆生無邊誓願度, 복지무변서원집 福智無邊誓願集, 법

문무변서원각法門無邊誓願覺, 여래무변서원사如來無邊誓願事, 보리무상서원증菩提無上誓願證.

④ 삼밀관행三密觀行 (지권인智拳印을 취한다.)

몸과 입과 생각의 신구의身口意 삼밀三密을 하나로 하여 일심으로 '옴 마니 반메 훔'을 지송한다. (한두 시간 정도)

(지권인智拳印이란 양손을 금강권〔양손의 엄지를 손바닥 안에 넣고 주먹을 쥔 상태〕한 상태에서 왼손의 인지人指를 펴서 오른손의 주먹 속에 넣어 엄지손가락 밑에 붙이는 결인結印을 말한다.)

⑤ 오불지송五佛持誦

(금강합장을 취한다.)

'옴' 비로자나불, '마' 아촉불, '니' 보생불, '반' 아미타불, '메' 불공성취불, '훔' 집금강보살

⑥ 회향 (금강합장을 취한다.)

오불 사바라밀 십육대보살 팔공양 사섭보살에 귀명합니다. … 귀명지심 참회합니다.

4
광명진언

광명진언의 출처와 공덕

광명진언光明眞言은 우리나라 불자들에게는 지장보살地藏菩薩 신앙과 관련돼 널리 염송되고 있다. 광명진언은 다른 말로 '멸악취진언滅惡趣眞言'이라고도 불리는데, 그 이유는 돌아가신 분의 죄업(악취)을 덜어 삼악도에 떨어지지 않도록 하는 공능이 있기 때문이다.

원래 광명진언은 우주법신인 비로자나불 신앙과 결부된 것으로, 비로자나부처님의 광명으로 무명과 업장을 소멸하는 진언이기에, 수행에 장애가 생길 때나 과거의 업장을 소멸하고자 할 때 이 진언을 즐겨 염송한다.

광명진언은 당나라 불공 스님이 번역한 《불공견삭비로자나불

대관정광진언경 不空牽索毘盧遮那佛大灌頂光眞言經》 1권을 비롯해 많은 밀교 경전에 인용되고 있으며, 경전마다 광명진언이 지닌 헤아릴 수 없는 공덕을 설하고 있다.

또한, 신라시대의 원효대사를 비롯하여 중국의 많은 스님들도 종파를 가리지 않고 이 광명진언의 공덕을 찬탄하였다.

원효대사께서는 《유심안락도》에서 "모래를 앞에 놓고 광명진언을 108번 외운 뒤에 이 모래를 죽은 자의 시신, 또는 무덤 위에 뿌려주면 이 모래를 맞은 영혼들이 비로자나부처님의 가피를 입어서 극락세계에 왕생하게 된다"라고 하였고, 또한 "만일 중생이 이 진언을 두 번이나 세 번 또는 일곱 번을 귀로 듣기만 하여도 모든 죄업이 없어지게 된다. 중생이 십악과 사역죄와 사중죄를 지어 죽은 다음 악도에 떨어질지라도 이 진언을 외우면 능히 해탈을 얻을 수 있고, 특히 그릇에 흙이나 모래를 담아 놓고 이 진언을 108번 외워 그 모래를 시신 위에 흩거나 묘지 또는 묘탑 위에 흩어 주면 비로자나부처님의 광명이 망인에게 이르러 모든 죄업을 소멸시켜 줄 뿐 아니라 서방 극락 세계의 연화대로 인도하게 된다"고 설하고 있다.

이상의 공덕들은 모두 《불공견삭비로자나불대관정광진언경》에 근거한 것으로 이 경전에는 이외에도 광명진언의 무수한 공덕을 설하고 있다.

광명진언의 의미

광명진언은 산스크리트의 음사어로 다음과 같은 내용으로 이루어져 있다.

> Oṃ amogha vairocana mahā-mudrā maṇi-padma jvala pravartaya hūṃ
> 唵 阿謨伽 尾盧左曩 摩賀 母捺羅 摩尼 鉢納摩 入縛羅 鉢羅嚩 多野 吽
> 옴 아모가 바이로차나 마하무드라 마니 파드마 즈바라 프라바르타야 훔

광명진언의 뜻을 간단히 소개하면 다음과 같다.

① 옴Oṃ은 진언을 구성하는 본존本尊에게 귀의한다는 뜻이다. 옴은 아A·우U·음M의 세 종자로 나누어지는데, 종자들은 각기 청정한 제법의 생기와 자비행의 구현, 진리로의 합일을 뜻한다. 즉 진언을 시작하면서 진언의 본존에게 귀의하고, 진언에 담긴 본존의 서원과 지송자의 마음이 하나가 되어 중생의 서원이 간절하게 성취되길 기원하는 마음이 옴에 담겨 있는 것이다.

② 아모가amogha는 '불공不空'으로 번역되며, 비로자나여래의 공덕이 진리의 실체로 무한히 구현됨을 의미한다.

③ 바이로차나vairocana는 '변조광명遍照光明'으로 '널리 두루 비춘다'는 뜻을 담고 있다. 즉 법신인 비로자나여래의 공능이 마치 태양과 같이 어둠을 물리치고, 우주법계에 두루 미치지 않는 곳이 없음을 의미한다.

④ 마하무드라mahā-mudrā는 '대인大印'으로 번역된다. 곧 무드라 mudrā는 법 또는 진리의 표상을 뜻하는 것으로, 여기서는 비로사나여래의 작용이 진리와 하나임을 뜻힌다.

⑤ 마니maṇi는 마니보주摩尼寶珠의 의미로 비로자나여래가 지닌 중생구제의 방편을 상징한다.

⑥ 파드마padma는 연화蓮花의 의미로 연꽃이 진흙에 오염되지 않듯이 비로자나여래의 방편이 공성空性이자 청정한 자성으로서 번뇌에 오염되지 않음을 상징한다.

⑦ 즈바라jvala는 '광명光明'의 뜻으로 비로자나여래의 광명을 가리킨다.

⑧ 프라바르타야pravartaya는 '전변轉變한다'는 뜻으로, 비로자나여래의 광명이 본서本誓에 의해 중생구호를 위한 작용으로 끝없이 전개되고 있음을 뜻한다. 《대일경》에는 이를 '신변가지神變加持'라는 말로 표현하고 있다.

⑨ 훔hūṃ은 완성·성취의 의미를 지닌 말로, 본존의 의지와 수행자의 염원이 만나 원만하게 완성되었음을 확신하는 의미이다.

즉 광명진언은 '귀의합니다. 불공不空 진실로서 청정보주인 비로자나여래의 대진리의 세계가 방편이자 공성으로서 그 광명이 (중생구호를 위해) 널리 펼쳐지고 성취하게 하옵소서'라는 의미로 요약할 수 있다.

5
법신진언

　《섭대궤》라는《대일경》의 주석서에 연원을 두고 있는 법신진언法身眞言은 성철 스님께서 '능엄주'와 함께 대중에게 지송하도록 권장한 데서 유행되기 시작했다. 성철 스님은 6·25전쟁 직후 전쟁의 참상으로 고통 받는 대중에게 "우리가 받는 모든 고통과 악업은 과거 생으로부터 우리 스스로 지어 온 업장의 과보"라고 말씀하시고, 이러한 업장을 참회하고 자성을 바로 보는 방편으로 법신진언의 지송을 적극 권장하셨다. 법신진언은 '아비라훔캄'으로 시작하기 때문에 속칭 '아비라 기도'로 불려지기도 한다.

　법신진언 지송신앙은 당나라 때 선가의 총림叢林에서 시작된 것으로 중국에서 선과 밀교가 회통하면서 행해진 것으로 보인다. 법신진언의 출처는 밀교 경전인《섭대궤》(선무외삼장 역)에서 볼 수 있으며, 그 내용은 아래와 같다.

> Namaḥ Samanta Buddhānāṃ A Vi Ra Hūṃ Khaṃ Svāhā
> 나무 사만다 붓다남 아 비 라 훔 캄 스바하
> 모든 부처님께 귀명歸命합니다. 아 비 라 훔 캄 성취케 하소서!

'아비라훔캄'의 다섯 글자는 밀교에서 종자種子라고 불리는 성음聖音이다. 곧 현상계를 구성하는 궁극적 실재를 다섯 가지의 범주로 나눈 것이다. 이것을 밀교에서는 오부족五部族이라 말한다. 오부족은 물질계에서는 지地·수水·화火·풍風·공空의 5대로 표현되며, 부처님의 지혜로는 대원경지大圓鏡智·묘관찰지妙觀察智·평등성지平等性智·성소작지成所作智·법계체성지法界體性智의 5지智로 나뉘며 이 외에도 5불佛, 5색色, 5방方 등 다양한 영역으로 표현되기도 한다. 이처럼 우주법계는 혼돈이 아니라 이들의 근본 요소를 통해 무궁한 연기법계의 정연한 질서를 보이고 있는 것이다.

한국불교에서 점안식 때 사용하는 5색실도 곧 법신의 체體인 5불을 상징하는 것으로, 법신여래가 다섯 부처님으로 현화現化하여 중생을 구호함을 상징한 것이다. 5부족의 다섯 종자가 상징한 내용을 일부만 예시하면 다음과 같다.

	5대	5방	5색	5불	5지
아	지地	동東	황黃	아촉불	대원경지
비	수水	서西	백白	아미타불	묘관찰지
라	화火	남南	적赤	보생불	평등성지
훔	풍風	북北	흑黑	불공성취불	성소작지
캄	공空	중中	청靑	비로자나불	법계체성지

밀교 경전인 《대일경》에는 법신진언이 A·Va·Ra·Ha·Kha의 다섯 종자를 관하는 오자엄신관五字嚴身觀의 수행으로 설해지기도 한다. 오자엄신관은 법계의 상징인 지수화풍공 다섯 종자를 수행자의 몸에 배대하여 중생의 심신心身이 비로자나여래의 본성과 다르지 않음을 관상하는 수행법이다.

이외에도 오자엄신관의 구체적 행법으로 개발된 오륜탑五輪塔 수행법이 있다. 이는 지수화풍공으로 구성된 탑 속에 들어가 우주와 내가 본질적으로 동일함을 체득하는 수행법이다. 모두가 법신진언 신앙으로부터 응용된 수행법들이다.

이처럼 《대일경》에는 법신진언과 관련된 염송 절차와 의궤가 상세히 설해져 있으나, 우리나라의 경우에는 간략하게 장궤합장으로 염송하는 것으로만 되어 있다. 법신진언의 '사바하'는 '성취케 하소서'라는 발원과 회향回向의 의미를 담은 것이지만 성철 스님은 로마자 표기에 의한 음역을 따라 사바하를 '스바하'라고 읽게 하였다.

한편 법신진언의 예참에는 지장신앙에서 중요시하는 광명진언의 염송이 포함되는데 법신진언과 광명진언을 함께 염송하는 까닭은 진리의 체體인 비로자나여래의 본심本心과 중생구호의 화신인 지장보살의 대비의 작용用을 함께 닦고자 하는 데 그 목적이 있다고 보면 될 것이다.

6
종자와 종자관

진언과 다라니는 의미가 담겨져 있는 다수의 음절과 구절로 구성되어 있다. 진언과 다라니에는 한 음절이나 두 음절로 이루어진 짧은 형태도 존재하는데 이것을 종자種子라고 부른다. 불교의 장신구에서 흔히 볼 수 있는 실담자인 옴Oṃ자도 이러한 종자에서 기인한 것이다.

브라만교의 베다에서도 옴Oṃ이나 스바하Svāhā와 같은 종자를 볼 수 있는데, 불교는 이것을 더욱 다양하고 정교하게 발전시켜, 대승 경전의 방대한 내용을 암기하기 위한 수단으로 다라니라는 성구聖句로 승화시켰다.

예를 들어《화엄경》의 〈십지품〉은 보살십지菩薩十地의 수행도를 설하면서 각 단계에서 수습해야 할 다라니를 10단계로 나누어 설하고 있다. 곧 각 다라니는 10단계로 이루어진 보살 수행을 축약한 것으로, 십지의 수행도를 다라니의 암송을 통해 수지케 하는 것이다. 또한 보살십지와 더불어 53선지식을 만나는 〈입법계품〉에는 '아阿, A'자를 중심으로 한 '42자字'의 종자가 설해져 있다. '아'자는 산스크리트의 맨 처음 글자로 모든 언어의 첫소리에 해당하므로 '아'자는 불생불멸不生不滅인 법신의 근본 진리를 상징한다.

대승불교의 종자관은 대체로 '아'자를 관상觀想하면서 제법의 근원을 참구하는 관법이 많다. 《반야경》, 《열반경》 등의 대승 경전에서 설해지기 시작한 종자관은 밀교 경전에 이르러서는 아주 중요한 수행으로 다루어지고 있다. 특히 《대일경大日經》의 중요한 수행의 하나인 아자관阿字觀은 '아자본불생阿字本不生'의 도리를 탐구하는 것인데, 여기서 본불생은 법신인 비로자나여래의 체성體性을 상징하고 있다.

한국의 사리탑이나 복장에서도 종자의 원형은 물론 만卍자에 새겨진 여러 가지 종자들을 볼 수 있으며, 또한 탱화를 비롯해 사찰 건축의 문양에서도 종자와 다라니의 문양을 쉽게 볼 수 있는데, 이것은 종자에 함축된 부처님의 위신력을 구하여 그 가피를 기원하는 것에서 연유한 것이다.

7
기타 진언

《유가사지론》 등 대승불교 문헌에는 대승보살의 실천 덕목으로 다양한 다라니가 설해져 있으며, 나가서는 필요에 따라 대중에게 적재적소 설하는 능력이 필요함을 역설하고 있다. 진언과 다라니는 밀교에서 더욱 다양한 형태로 확대되었다. 물론 그 목적은 출세간의 수행과 중생구호의 세간적 목적을 함께 추구하기 위한 것이다.

밀교는 한국불교의 전래기부터 불교의 영험함을 알리고 토속신앙과 융합하여 불교가 정착하는 데 크게 기여하였을 뿐만 아니라 통일신라와 고려시대 그리고 조선시대에 이르기까지 각종 불교의식과 의례를 비롯해 사찰건축, 예술, 범패 등의 발전에 크게 이바지하였다.

특히 조선시대에는 가혹한 배불排佛정책에도 불구하고 많은 불교전적이 간행되었는데, 밀교 경전과 의궤류가 대부분을 차지하고 있다. 예를 들어 조선 후기에 간행된 《진언집眞言集》은 사찰에서 지송되던 다라니들을 모아 엮은 책이며 《비밀교秘密敎》는 불교의식을 행할 때 참고할 수 있도록 만든 의궤서이다.

《진언집》과 《비밀교》를 보면 상당히 많은 양의 다라니가 설해져 있는데, 그 대부분은 현재의 불교의식에서도 자주 볼 수 있는 것들이다. 한국불교의 대표적 의궤서인 《석문의범釋門儀範》은 다름 아닌 이들을 새롭게 정리·편찬해서 만든 것이다. 이처럼 진언과 다라니는 한국불교의 대표적 실천 규범이자 수행으로, 불교가 전래된 이후 불자들의 대표 신행의 하나로 끊임없이 염송되어 왔다.

이취경만다라 문수사리보살인 理趣經曼茶羅 文殊師利菩薩印

제 5 장

진언 · 다라니 수행의 공덕

1
진언 · 다라니의 수행공덕

초기불교에서는 부처님의 지혜를 명明이라 말하고, 반대로 아집과 법집의 소견에 빠져 윤회하는 원인을 무명無明이라고 말하였다. 초기불교 시대부터 명明은 깨달음의 지혜가 담긴 것이며 여기에 세간의 공덕도 함께 존재한다고 설하고 있다.

이와 같은 의미의 명明은 대승불교에도 전해져 반야바라밀을 명明과 동일시하고, 그 세간적 공덕에 대해 반야바라밀을 명주明呪라고 설하였다. 여기서 명주는 곧 진언의 의미와 상통한다. 따라서 대승 경전의 진언은 명주, 또는 대명주로서 반야바라밀에 통달하는 것이다.

결과적으로 진언과 다라니는 연원은 다르지만 후대에는 혼용될 정도로 그 구별은 의미가 없어졌다. 진언과 다라니는 모두 깨달음을 얻기 위한 수행이며, 그 과정은 번뇌를 부수고 부처님의 지혜를 얻는 것이다. 《반야경》가운데 〈승천왕다라니품〉에는 "다라니를 지송하는 보살은 불퇴전을 얻게 된다. 법을 비난하는 자는 부수고, 번뇌의 불길[煩惱火]을 끄고 반야의 불[般若火]을 일으켜 법사를 옹호하여 열반에 들게 한다"라고 설해져 있다. 이것은 반야바라밀에 대해 진언과 다라니를 구분하지 않고 사용함을 보여주는 것이다.

대승불교의 수행으로서 진언과 다라니 수행에는 반야지般若智의 체득과 유가행瑜伽行의 실천이라는 공통된 기반이 있다. 용수보살은 다라니의 수행 원리를 《대지도론》에서 다음과 같이 설하였다.

> 심관心觀이라 하는 것은 마음을 경經에 매어두고 계속하여 기억하는 것을 말한다. 먼저 말을 통해 뜻을 말하고 그런 연후에 요달了達, 곧 다라니를 얻게 되는 것이다.

여기서 다라니는 마음을 경전에 묶어두는 역할을 한다고 설해져 있는데, 이것은 다라니가 지관止觀 수행과 밀접한 관계가 있음을 뜻한다. 지관 수행은 번뇌에 떠돌아다니는 마음의 상속相續을 멈추는 사마타[止]와 마음의 실체를 관觀하는 위파사나[觀]로 나뉜다. 지관 수행은 마음을 특정한 경계에 묶어두는 것이며, 이것은 진언과 다라니의 수행이 선수행과 상통하는 면이 있음을 뜻한다.

자은대사 규기窺基는 《유가약찬瑜伽略纂》에서 다라니를 다음과 같이 설하고 있다.

> 다라니란 마음을 통일하는 것이 그 근본 목적이다. 따라서 아자 등의 문자를 관경觀境의 대상으로 하여 마음을 통일할 때는 법다라니라 부르며, 문자가 표하려는 의미를 관경의 대상으로 하여 마음을 통일할 때는 의다라니라 하며, 지송하는 다라니 자체를 관경의 대상으로 하여 마음을 통일할 때는 주다라니라 하며, 진여법성의 의미를 관경의 대상으로 마음을 통일하고 법성에 합치하여 불지를 얻을 때는 인다라니라 부르는 것이다.

규기는 유가유식의 입장에서 다라니를 설명한 것이지만, 그 바탕은 지관의 수행에 있다. 진언이나 다라니 수행의 효과는 대승 경전에 누누이 강조되고 있다.

《인왕경》에는 "다라니란 일체 부처님의 근본으로 수행의 속질문速疾門이 된다"고 하여, 다라니에 신속 성불의 공능이 있음을 설하고 있다. 중국의 불공 삼장은 진언에 대해 '속질지도速疾之道', 즉 신속히 성불하는 수행문이라고 정의하였다. 《마하반야경》의 서품에도 "모든 보살마하살이 모두 다라니와 삼매를 얻었다"고 설하면서 이어 보살들의 수행 덕목으로 다라니 지송을 강조하고 있다.

　　현재 한국불교의 불자들은 진언과 다라니를 독송하면서 세간적 공덕만을 구하는 측면이 있다. 그러나 진언과 다라니의 염송은 역사적 의미를 지닌 밀교 수행으로서 교학과 선禪을 가리지 않고 한국불교의 신행을 구성하는 중요한 요소이다. 그러므로 진언과 다라니가 설해진 경전을 찾아 상구보리의 가르침을 반드시 익히고, 그 공덕을 모든 중생과 나누겠다는 회향의 의미를 되살릴 때 비로소 본래 의미를 되찾게 될 것이다.

2
다라니와 경전 봉독의 공덕

　대승불교의 실천자인 보살의 수행 덕목 가운데 경전의 수지와 독송, 서사는 빼놓을 수 없는 요소이다. 경전을 다른 이들에게 설하고 보시하는 것도 불자의 중요한 실천 덕목이 되기 때문이다. 항상 경전을 지니고, 틈나는 대로 외우는 습관은 현실 생활에서 일어나는 번뇌를 가라앉히고 자신을 돌이켜 보는데 큰 도움이 된다. 또한 기회가 있을 때마다 경전을 서사하는 것은 커다란 신앙적 환희심과 수행 의지를 복돋우게 한다.
　그러나 실제 수행에 있어 단문의 경전은 수지, 독송 및 암기가 수월하지만 장문의 경전은 암송하고 외우기가 쉽지 않다. 따라서 대승 경전의 기술 형식은 경전의 품마다 내용을 요약한 게송이 반복되어 설해지고 보살은 게송만 외움으로써 경전의 전체 내용을 파악할 수 있도록 되어 있다.

또한 경전을 수지, 독송하는 보살의 수행에 있어 경전의 수지와 더불어 경전의 내용을 깨닫고 그것을 잊지 않는 것도 중요하다. 이를 위해 대승 경전의 말미에는 경전 전체의 의미를 함축한 다라니가 설해져 있다. 그 다라니만 염송하여도 전체 경전을 모두 읽은 것과 같은 공덕이 있으며, 나아가 불보살의 세간적 영험도 얻게 된다는 뜻이다. 이처럼 다라니는 경전에 담긴 의미를 외우고, 이 과정에서 경전에 담긴 지혜와 신심을 향상시키는 데 그 본래의 목적이 있다.

용수보살은 《대지도론》에서 다라니의 종류를 외형적인 문지다라니와 진리의 깨달음인 실상다라니로 구분하였다. 곧 《대지도론》에는 "다라니에는 두 가지가 있으니 첫째는 문지聞持다라니이며, 둘째는 제법실상諸法實相다라니이다. 독송하고 수습해서 끊임없이 항상 염송하는 까닭에 실상다라니를 얻게 되는 것이다. 그러므로 이 두 다라니에 주住하게 되면 곧바로 무애지無碍智를 얻게 된다"라고 설해져 있다.

《반야경》의 〈승천왕다라니품〉에는 "다라니는 모든 문자를 뛰어 넘는 것이기에 말로 표현할 수 없고 마음에도 담을 수 없는 것이다. 말하자면 내외의 모든 법이 능히 다라니를 뛰어넘을 수 없는 것이기에, 그래서 다라니를 '중법불입衆法不入'이라 이름하는 것이다" 하였다. 그 의미는 다라니가 궁극적인 불법의 진리에 도달해 있으므로 그 어떤 번뇌조차도 감히 건드릴 수 없다는 뜻이다.

《대지도론》에는 두 다라니 이외에도 분별지다라니分別知陀羅尼와 입음성다라니入音聲陀羅尼가 함께 설해져 있다. 분별지다라니는 경전을 듣고 불법의 도리와 중생의 세계를 헤아리는 지혜이며, 입음성다라니는 경전의 문자와 언어에 대해서 증오와 애착을 버리는 것을 의미한다.

이처럼 다라니 수행은 경전을 듣고 수지하는 것과 더불어 그 내용을 실천하는 데에 진정한 의미가 있는 것이다. 곧 다라니는 경전의 내용을 축약한 것으로 그 본질은 경전의 수지 및 독송과 더불어 그 세계를 무형의 정신으로 향상시키는 데 있기 때문에, 경전 독송에 대한 노력과 이해가 함께 이루어져야 진정한 다라니 수행이 실현될 수 있는 것이다.

3

다라니 수행의 현세적 공덕

    다라니에는 경전의 내용과 더불어 불보살의 깨달음과 지혜가 압축되어 있다. 그러므로 다라니 염송은 수행자로 하여금 경전과 그 내용을 잊지 않도록 도움을 주는 수행법이다. 곧 다라니는 비록 종자나 어구, 문자에 지나지 않지만, 불교 경전에서 보이듯 부처님과 보살이 그 영험과 공덕을 약속한 것이기 때문에 종교적으로 큰 의미가 담겨 있는 것이다.

    용수보살은 《대지도론》에서 다음과 같이 밝히고 있다.

> 보살이 문자다라니를 지니는 것은 문자의 상을 관하면서 삼매를 닦기 위한 것이다. 일념으로 다라

니에 집중하게 되면 모든 선법이 모이고 악법은 멀어지며, 스스로 크게 부끄러워하는 마음을 갖게 된다. 이것이 견고해지면 모든 복덕과 지혜를 모으게 되니 마음이 금강과 같이 견고해진다. 또한 아비지옥에 떨어지지도 않으며 아뇩다라삼먁삼보리에서 물러나지 않게 되는 것이다.

이상의 내용은 다라니를 염송하면 세간과 출세간의 공덕을 함께 얻을 수 있음을 말하는 것이다.

다라니 수행에 담긴 출세간적인 목표는 무상정등각을 성취하는 것이다. 이에 대해 《아사세왕경》에는 "다라니는 불법승 삼보의 근원이자 총체이다. 따라서 가히 다하거나 또한 다함이 있을 수도 없다. 가히 넘을 수 없는 것이기에 가히 들어가지 못함도 없고, 또 가히 들어가지 못함이 없는 까닭에 이것을 일컬어 허공계라 하는 것이다" 하였다. 반야경전에는 공空의 깨달음과 무상정등정각의 체득을 다라니라 설하고 있다.

다라니가 지닌 세간적 공덕은 주로 주술의 의미를 반영한 것이다. 《대지도론》에는 "작은 다라니는 외도나 성문, 벽지불과 초학자의 보살들이 가질 수 있지만, 문지다라니는 걸림이 없는 다라니로서 무량한 복덕과 지혜를 갖춘 대보살만이 가질 수 있는 것이다"라고 설하고 있다. 그만큼 다라니의 공덕은 그 무엇과도 비교할 수 없을 정도로 큰 것이라는 말씀이다.

《방광반야경放光般若經》에는 다라니에 대해 "사신족四神足·오근五根·오력五力·사무외四無畏 등 불보살이 지닌 일체의 덕목이 다라니문이다"라고 설하고 있다.

다라니 염송을 통해 수행자는 부처님이나 대보살의 큰 영험과 가피를 입게 된다. 때문에 다라니는 불교의 수행을 향상시켜 세간적 삶을 향상시키고, 주변의 마장과 번뇌를 물리치는 공덕이 있다. 그러나 자성을 밝히고 성불에 이르는 불교의 근본 목적을 망각한 채 다라니의 세간적 공덕만을 구한다면 다라니에 담긴 참뜻을 잃게 되는 것이다. 따라서 다라니를 염송할 때는 언제나 '상구보리 하화중생'이라는 대승불교의 정신을 함께 생각해야 한다.

성관음보살 수인 聖觀音菩薩 手印

제6장

한국에서의 진언 수행의 역사

1
한국불교의 진언 수행

삼국시대

고구려 소수림왕 2년372년, 불교가 처음 전래되었을 때, 한반도에는 이미 무천, 동맹, 영고 등의 전통신앙이 자리 잡고 있었다. 전통신앙은 토속신앙으로서 주술적 성격이 강했기 때문에 불교의 주력신앙呪力信仰, 또는 신주신앙神呪信仰 등과 자연스럽게 흡수될 수 있었다. 고구려가 불교를 수용할 당시 중국에는 《화적다라니경》, 《팔길상주신경》, 《마등가경》, 《이십팔숙경》, 《공작왕주경》, 《대방등다라니경》 등과 같은 진언과 다라니류의 경전들이 번역되어 유행하고 있었기 때문에, 이들 경전이 고구려의 불교 수용과 함께 유입되었을 가능성이 크다.

백제의 경우는 고구려와 달리 다라니 중심의 밀교 경전이 신봉된 상당한 단서들이 남아 있다. 먼저 일본의 《선광사연기善光寺緣起》에는 백제에서 유행하던 《청관음소복독해다라니주경請觀音消伏毒害陀羅尼呪經》(이하 《청관음경》이라 표기함)이 일본에 전해져 유통된 연유가 설해져 있다. 경전에 따르면, 경전의 다라니를 지심으로 지송하면 그 공덕으로 아미타불이 사바세계에 내려와 중생의 병고를 없애준다고 설해지고 있다. 선광사 연기에는 백제의 왕자인 월개月蓋장자가 바로 이 다라니를 지심으로 수시한 공덕 덕분에 살아 있는 몸으로[生身] 아미타여래가 되어 인도에서 백제로 오게 되었고, 그로부터 백제에 불법이 신봉되었다는 내용이 담겨 있다. 이 내용은 백제에서 일본으로 전래된 《청관음경》의 유포 과정을 설명하기 위해, 경전이 어떻게 백제에 유포되었는지 그 연유를 월개장자의 다라니 신앙과 연계하여 설명하고 있는 대목이다.

《청관음경》이 백제에서 유포되었다는 것은 당시 백제에 정토 신앙과 관음신앙, 그리고 다라니 신앙이 함께 유행한 사실을 추측할 수 있는 단서가 된다. 그 까닭은 《청관음경》에는 무량수불과 관세음보살이 등장해 중생을 구제하는 일화가 소개되고 있을 뿐만 아니라, 네 가지의 다라니[시방제불구호중생신주, 파악업장소복독해다라니주, 대길상육자장구구고신주, 관정길상다라니주]가 설해지게 된 인연이 함께 나와 있기 때문이다.

다른 일본의 문헌인 《북신묘견보살영응편北辰妙見菩薩靈應編》에는 당시 백제에 묘견신앙(북극성 신앙)과 칠불팔보살七佛八菩薩의 다라니가 신앙되고 지송된 사실을 전하고 있다. 이외《일본서기》에는 백제로부터 주력을 행하는 주금사呪噤師를 초빙한 사실이 전해지고 있으며, 이외 백제에서 일본으로 건너간 스님인 도령道寧과 도장道藏이 신이神異를 행하여 비를 내리게 한 기록이 전해진다. 또한 백제승 일라日羅가 승군지장법僧軍地藏法을 사용하여 전쟁을 승리로 이끌게 한 사실 등 주술신앙의 단서가 여럿 전해지고 있다. 이상의 기록들은 백제에서 주술신앙이 매우 깊이 행해지고 있었음을 보여주는 실례이다.

주술신앙에 대한 신라의 기록은 양적으로 백제나 고구려에 비해 훨씬 풍부하다.《삼국유사》를 보면 많은 신라의 구법승들이 주술신앙뿐만 아니라, 밀교 경전과 의궤서 등에 의한 차원 높은 진언수행을 행한 사실을 전하고 있다.

곧《삼국유사》제6권〈신주편神呪篇〉은 주술에 능했던 밀교 스님들의 기록을 모아놓은 것으로〈밀본최사密本催邪조〉〈혜통항용惠通降龍조〉〈명랑신인明朗神印조〉라는 항목으로 나누어 당시 신라에 전해지고 있던 밀교신앙을 세 가지 측면에서 자세히 기록하고 있다. 이에 의하면 당시 신라 밀교를 대표하는 인물은 밀본, 혜통, 명랑 스님으로서 이분들은 각각 최사催邪, 항마降魔, 신인神印이라는 특색을 보여주고 있고, 특히 혜통惠通과 명랑明朗 두 스님은 총지종總持宗과 신인종神印宗이라는 밀교종파를 탄생시켰다는 내용이다.

이 중 명랑 스님은 밀교의식인 문두루文頭婁, Mudrā법에 능통하여 두 번에 걸쳐 당나라 군사를 물리치고 그 공적으로 679년에 사천왕사를 창건하고, 이곳을 신인종 탄생의 근거지가 되게 하였다. 문두루Mudrā 작법이란 단壇을 만들어 띠를 두르고, 열두 명의 유가승이 의궤에 따라 다라니를 지송하게 하는 것이다. 따라서 명랑이 전한 밀교는 다라니 지송으로 나라를 지키려 했던 호국적 성격의 밀교임을 알 수 있다. 또한 신인종의 소의 경전은 《관정경灌頂經》, 《금광명경金光明經》, 《대방광십륜경大方廣十輪經》 등 소위 호국을 설하는 다라니경들이었다.

총지종總持宗은 혜통 스님에 의해 종파 성립의 기초가 마련되었다. 혜통 스님은 당나라의 지통화상智通和尙으로부터 밀교를 수학하였다. 혜통 스님은 31대 신문왕을 살해하려던 김흠돌의 난681년을 평정하고 그 공적으로 총지종을 창종하게 된다. 총지종의 종파명에 보이는 총지總持는 '집지執持'의 뜻을 담은 것으로 다라니를 뜻한다. 즉 총지종은 경전과 다라니의 지송과 사경, 그리고 기타 밀교의식을 통해 국가를 보호하거나 재앙을 없애고 질병을 치료하는 등의 현세적인 이익을 중시한 밀교종파였다. 총지종이 주로 의지하는 경전은 《다라니집경》, 《불공견삭다라니경》, 《천전다라니관세음보살주》, 《청정관세음보현다라니》, 《천안천비관세음보살다라니신주경》 등의 밀교 경전이다. 특히 총지종은 선무외善無畏 삼장이 저술한 《삼종실지파지옥의궤三種悉地破地獄儀軌》를 유포시키는 데 큰 몫을 하였는데, 이것은 조계종을 비롯해 현대 대부분의 불교종단 의궤집인《석문의범釋門儀範》과도 깊은 관계가 있다.

고려시대

고려시대는 한국불교사에서 진언신앙을 위시한 밀교가 가장 광범위하게 유포되었던 시기였다. 사적에 의하면 고려밀교는 왕실을 중심으로 진언과 다라니가 유행하고, 각종 밀교의식이 성행하여 연등회나 팔관회, 관정의식 등이 국가에 의해 행해졌다. 왕실에서는 다라니경을 판각하는가 하면, 중요한 나라 일을 앞두고 불사를 수시로 행하거나, 방대한 양의 다라니 경전을 금자金字나 은자銀字로 사경하기도 하였다. 그뿐만 아니라 치료행위와 주법呪法행위를 함께할 수 있었던 주금사呪噤師를 선발하는 별도의 시험을 실시하였다. 또한 왕위에 오르기 위해서 왕들이 밀교의식인 관정의식灌頂儀式을 행하기도 했다. 이러한 일들은 고려 왕실에서 밀교의 입지를 상상케 해 주는 것이다.

또한 신라시대에 유행했던 관음신앙과《천수경》, 천수다라니 등의 독송이 고려시대에도 이어져,《동문선東文選》에 의하면 충렬왕 때의 밀교승 충지冲止, 1226~1292가 왕의 안녕을 기원하는 4종의 법석法席을 거행하였는데, "〈천수대비심주〉를 외우니 소리마다 우레 소리가 진동하였다"라고 기록하고 있다. 한편 천수다라니 진언 수행법을 설명해 놓은《천수천안대비심주행법》은 고려의 승려

의천義天이 송나라에서 천태교학을 전수받고 돌아와 유포시킨 것으로 추정되고 있다.

고려시대 진언 수행에서 주목할 점은 몽고와 티베트의 영향 하에서 등장한 주력신앙이다. 특히 고려불교는 원나라의 밀교와 교류하면서 한반도에 새로운 진언 수행을 받아들였다. 곧 '옴 마니 반메 훔'의 육자진언인데 그 수행법은 중국의 영향보다 티베트의 영향을 직접 받은 것으로 생각된다. 곧 티베트 계통의 육자진언이 몽골을 통하여 고려에 직접 전해진 것이다. 육자진언과 관련된 모든 가르침들이 총망라되어 있는 것은 《마니칸붐》이라는 문헌이다.

현재 우리나라에 전해지고 있는 《성관자재구수육자선정聖觀自在求修六字禪定》을 비롯한 《관세음육자대명왕신주경觀世音六字大明王神呪經》, 《육자대명왕다라니경》, 《육자대명왕경六字大明王經》, 《육자대명왕경지송법六字大明王經持誦法》, 《육자영감대명왕경六字靈感大明王經》 등은 《마니칸붐》에 수록되어 있는 경전들이다.

근대에 들어 육자대명왕 관련 찬술집에 의거한 새로운 수행법들이 확립되었는데, 그중에서 최근까지 활용되고 있는 것은 〈육자진언관념도六字眞言觀念圖〉이다. 〈육자진언관념도〉에는 육자진언에 《금강정경》 계통의 오불五佛을 배대하여 염송함으로써 그 공덕을 늘리는 수행법이 소개되고 있다. 이 수행법은 여섯 개의 종자를 몸에 안치하여, 마치 식물의 종자를 땅에 심었을 때 발아하여 꽃과 과실을 맺는 것과 같이 진언을 염송함으로써 육자진언의 공덕을 성취케 하는 수행이다.

이와 같은 육자진언은 수행법으로서 뿐만 아니라 고려시대 이후 조선시대에 이르기까지 만들어진 범종, 기와 등에 새겨 넣기도 했는데, 이러한 사실들에서 당시 육자진언의 염송이 크게 유행했었다는 사실을 알 수 있다.

고려시대에 들어와 또 하나 주목할 것은 《능엄경》의 독송이다. 《능엄경》은 고려시대의 거사였던 이자현李資賢 1061~1101이 이 경전을 강의하면서 크게 유행하기 시작했다. 《능엄경》이 화엄과 선, 천태와 밀교, 심지어는 유교의 특성까지 함축하고 있기 때문에, 여러 부류의 사람들에게 호응을 얻은 것으로 생각된다. 《능엄경》이 널리 읽히면서 능엄주에 대한 신앙 행위도 유행했던 것으로 보이지만, 경전에 소개된 능엄주의 수행이 어떻게, 어떤 규모로 유행했는가에 대한 구체적인 기록은 전해지지 않고 있다.

조선시대

조선시대에는 억불숭유抑佛崇儒 정책으로 대규모 불교 탄압이 이루어졌다. 고려시대에 성행하던 밀교종파는 강제적으로 타 종파와 통합된 후 소멸되었으며, 밀교 관련 의례들이나 경전 등 또한 대부분 소실되었다. 특히 사자상승師資相承의 엄격한 전법을 중시하던 밀교는 그 전승과 맥이 단절되면서 조선조에는 밀교의 법통法統이 완전히 사라지게 되었다. 그러나 조선의 조정은 정치적으로는 불교를 억압하면서도 왕실에 의해 많은 불교문헌이 출간됐는데, 그 대부분은 국가와 왕실의 안녕, 그리고 자연재해의 극복과 왕족의 수명을 기리는 밀교 경전이었다.

조선시대에는 밀교 경전46부 172회, 밀교 의궤문집24부 109회 등 모두 70부의 밀교 경전과 진언다라니 문집들이 281회에 걸쳐 간행되었다. 주목할 주요 전적은 《오대진언집五大眞言集》1485년으로 여기에는 〈대불정다라니大佛頂陀羅尼〉, 〈불정존승다라니佛頂尊勝陀羅尼〉, 〈대비심다라니大悲心陀羅尼〉, 〈수구즉득다라니隨求卽得陀羅尼〉, 〈천수천안근본다라니千手千眼根本陀羅尼〉 등의 오대진언이 함께 묶여 있다.

1784년에 간행된 《비밀교秘密敎》는 천수다라니를 포함한 다수의 진언을 함께 묶은 것이며, 《석문의범釋門儀範》은 1935년 안진호安震湖가 편찬한 것으로, 천태·정토·화엄·선·밀교 등 제 불교사상이 설해져 있는 종합 불교의례시다. 《석문의범》은 특히 일상 의례에서 상용하는 여러 주문을 포함해 모두 117개의 다라니를 보여 주는데, 이는 한국불교의 역사에 남은 다라니의 활용 형태를 말해주는 것으로 현재 사찰에서 사용하고 있는 불자 편람용 책자들은 이것을 토대로 제작된 것이다.

근·현대

근·현대에 들어 한국불교에서 과거의 진언 수행이 전개된 구체적인 정황은 파악하기 힘들다. 다만, 몇몇 스님들의 행장기나 저술 및 편찬 활동을 통해 과거로부터 전수되던 수행법의 단면들을 추측할 수 있을 뿐이다. 진언 수행의 측면에서 근·현대기의 상황을 살펴보면 다음의 두 가지 주요한 국면으로 설명할 수 있을 것이다.

첫째는 밀교와 관련된 신흥 종단의 등장이다. 총지종總持宗이나 진각종眞覺宗, 진언종眞言宗 등의 등장은 진언 자체의 유통을 넓히고 있을 뿐만 아니라 불교인들에게 진언 수행을 최상의 수행법 중의 하나로 각인시키는 데 힘쓰고 있기 때문이다.

둘째는, 조계종 해인사 백련암을 중심으로 전개되는 진언 수행이다. 성철 스님은 생전에 일반 신자들에게 〈능엄주〉와 〈아비라진언〉을 권장했는데, 이 수행은 성철 스님에 대한 깊은 신앙심을 바탕으로 신행되는 것이라 볼 수 있다.

원래 능엄주는 《능엄경》을 소의경전으로 삼는 선가의 영향으로 수행자뿐만 아니라 일반 대중에게도 오래전부터 유통되었다. 성철 스님은 기존에 전승되던 능엄주 수행을 1950년대부터 본격적으로 재검토한 것으로 보인다. 당시의 척박한 자료 환경에서도 범본梵本을 포함한 여러 판본을 참고하여, 기존에 내려오던 능엄주가 잘못 음사되어 있고 내용도 잘못 구성된 것을 지적하여 새로운 능엄주의 유통을 일구어냈다. 현재는 백련암 문중의 사찰들을 통해 능엄주 수행이 하나의 프로그램으로 정착되어 있다.

아비라 진언 수행은 '옴 아비라 훔 캄 스바하'라고 하는 〈비로자나 법신진언〉을 염송하는 것으로 중국 당대唐代의 총림 수행에서 비롯되었다. 성철 스님이 어떤 과정을 통해 아비라 진언 수행을 권장하게 되었는지는 더 규명해야 할 점으로 남는다.

한편 성철 스님 외에도 향곡, 자운, 청담, 일타 스님 등 근대의 고승들도 모두 능엄주의 염송 수행을 했다고 전해진다. 결론적으로 불교가 한반도에 유입된 이래 지속적으로 진언 수행이 중요한 수행 방법으로 선택되었다는 것은 의심의 여지가 없다. 그리고 근대에는 적어도 과거와는 다른 위에서 설명하는 두 가지의 움직임이 보태져서 현대 불교계의 진언 수행이 지속되고 있다고 볼 수 있다.

2
한국불교와 천수다라니

천수관음신앙의 연원

삼국시대에 불교의 유입과 더불어 주술신앙이 중요시된 사실은 여러 기록에 의해 알 수 있다. 특히 한국불교는 전통적으로 관음신앙이 성하였고, 《천수경》에 의한 경전과 천수주 또는 천수다라니의 염송도 한국 불자들의 신행생활에서 빼놓을 수 없다.

한국불교에서 천수다라니의 유포는 의상 스님의 저술인 《백화도량발원문白花道場發願文》에서 그 문헌적 기원을 찾아볼 수 있다. 의상 스님이 대중에게 천수다라니를 유통시키고자 노력했던 흔적이 발원문의 여러 곳에서 발견되기 때문이다. 발원문의 일부를 옮겨보면 다음과 같다.

오직 원하옵고 바라옵니다. 저의 스승인 관세음보살께서 아미타부처님을 근본 스승으로 생각하고, 세세생생 그분을 당신의 이마 위에 모심과 같이, 저 역시 스승님인 관음대성觀音大聖님을 이마 위에 모시고 당신의 서원인 십원十願, 육향六向, 천수천안千手千眼 등의 대자대비의 행을 당신과 함께 실천하겠습니다. (중략) 부디 이 공덕으로 일체중생이 대비주大悲呪를 외우고 보살이신 당신의 이름을 불러 다 함께 원통삼매圓通三昧의 바다에 들게 되기를 발원합니다.

본 발원문의 앞뒤 내용이나 《삼국유사》 속에 《천수경》이라는 경전의 이름이 보이는 것으로 미루어 보아 발원문 속의 '대비주大悲呪'라는 표현은 분명 천수다라니를 가리키는 것이다. 따라서 의상 스님은 《천수경》의 내용을 숙지하고 있었고, 당시에 이미 천수대비주를 외우는 다라니 수행이 대중 사이에 유행했음을 알 수 있다.

가범달마伽梵達摩의 번역본을 비롯한 《천수경》이 신라에 전래된 과정은 알 수 없지만, 당시 이 경전이 중국에서 이미 유행하였기 때문에 의상 스님이 귀국할 때 직·간접적으로 신라에 유포하였을 것으로 짐작된다.

《천수다라니경》의 간행

가범달마본《천수경》은 현재 우리나라 사찰에서 유통되는《천수경》의 기본 경전일 뿐만 아니라 이 경전 속에 설해져 있는 다라니 또한 현재 지송되고 있는 천수다라니와 거의 일치한다. 지금 유통되고 있는《천수경》의 체제는《고왕관세음천수다라니경》1881년,《조석송주》1932년,《석문의범》1935년,《행자수지》1969년 등을 거쳐 비로소 현재의 모습을 갖추게 되었다.

현재 유통본《천수경》의 핵심 내용이라 할 수 있는 천수다라니는 기존의《천수경》류의 경전에 포함된 다라니와 다소 다르며, 불공不空이 번역한《금강정유가천수천안관자재보살수행의궤경》과 가범달마가 번역한《천수천안관세음보살광대원만무애대비심다라니경》에 포함된 다라니와 유사하다. 이 두 사람의 번역은 한문 음사도 거의 유사하고 길이도 비슷한 것으로 보아 같은 산스크리트 판본을 번역했던 것으로 추측된다.

이 두 번역자에 의한 다라니가 현재의 천수다라니와 가장 유사한 이유는 두 다라니가 조선 왕실에 의해 여러 차례 발간되어 널리 유포되었기 때문이다.

현재 발견된 사료 가운데, 동시대에 편집된《오대진언五大眞言》은 다라니의 표기에 나타난 몇몇 발음상의 극소한 차이를 제외한다면, 현행 다라니의 한글 음역 표기와 거의 완벽하게 일치한다. 또한 다라니의 길이불공 번역-84구 또는 가범달마 번역-82구도 현재와 유사하기에 한글 표기도 이때에 거의 정착된 듯 보인다. 이《오대진언》이 1485년조선 성종 16년에 간행된 점을 미루어 볼 때 이미 그 이전부터 현행의 천수다라니가 사용되고 있었음을 추측할 수 있다.

3
진언 수행에 대한 한국불교의 인식

주력은 소리를 내서 무엇인가를 외운다는 점에서는 염불이나 간경과 통하며, 관법을 통해 삼매나 지혜를 얻는다는 점에서는 참선이나 위파사나와 통하는 바가 있다. 특히 한국불교에 간화선이 들어온 뒤에도 선종 사찰에서는 참선 수행과 함께 주력 수행을 병행해 왔는데, 이러한 경향은 중국의 송·요시대의 문헌에서도 보인다. 한국불교도 진언 수행의 역사가 깊고 선종에서 중시하는 《능엄경》 역시 일찍부터 유행해 왔다. 이런 이유로 선승이나 염불승들이 서로의 수행법을 필요로 하는 융섭融攝의 풍조가 생겨났고, 이에 따라 염불과 함께 다라니를 지송한다거나 참선과 함께 다라니를 지송했음을 알 수 있다. 현재에도 많은 출·재가 수행자들이 간화선 수행과 더불어 천수대비주나 능엄주, 육자다라니 등을 염송하고 있다. 이에 한국불교 진언 수행의 특징을 다음과 같이 요약할 수 있을 것이다.

현세 기복신앙으로의 진언 수행

한국불교의 역사를 살펴보면 주력은 대부분 엄밀한 의미에서 수행 방편으로 채택되어 왔다기보다는 기복적인 신앙으로 행해진 시간이 더 길었다. 다라니의 공덕을 설하고 있는 많은 경전조차도 그 내용을 보면 현세 기복적인 것들이 주류를 이루고 있기 때문이다. 게다가 한국의 불교역사를 살펴보아도 다라니 수행을 통해 무상정각을 이루었다고 하는 모범적인 수행자의 표상은 찾아보기 드물다. 이러한 점 때문에 한국불교 내에서 주력이 수행의 확실한 방편으로 인식되기에는 부족한 감이 있었던 것으로 생각된다.

아무튼 한국의 불교역사에서, 진언 수행을 간화선 수행과 비교해 볼 때 수행의 전통으로서 그 실체는 사료가 전해지지 않아 자세히 알 수 없지만 간화선 수행자가 주력을 불도성취를 위한 정통적 수행법으로서가 아니라 수행 과정에서 생기는 마장魔障을 이겨내기 위한 보조적 방편이나 득력得力하기 위한 방편으로 사용하거나 인식하고 있었다는 사실이다.

또한 화를 피하고 복을 비는 차원에서 주력의 지송이 재가불자들 사이에 폭넓게 활용되어 왔다는 것 또한 분명하다. 따라서 비록 보조적 방편이긴 하였지만 이렇게 주력신앙이 한국불교 신앙 전통에서 중요한 몫을 차지하고 있던 것이 사실이기에 이러한 전통의 계승은 오늘을 사는 우리에게도 의미 있는 일이라 할 수 있을 것이다.

의례적 차원의 진언 수행

주력신앙 또는 진언 수행은 대체로 행사를 진행하기 위해 일정한 의례적 규범을 갖춘 상태에서 이루어지고 있다. 예를 들어 《천수경》과 천수대비주는 새벽예불 시간이나 일상의 정기법회·불공과 시식 때뿐만 아니라 일상의 신행 활동 때에도 의례적으로 지송되고 있으며 능엄주 또한 해인사 백련암의 문도 사찰을 중심으로 일상 의례로서 독송되고 있다.

그러나 비록 《천수경》이나 능엄주와 같은 의례의 차원에서 활용되는 주력(다라니)의 지송이라 할지라도 그저 단순히 암기하여 지송하기보다는 그 의미를 제대로 알고 지송하였으면 하는 바람이다. 왜냐하면 앞에서도 언급한 바 있듯이 지송하는 다라니에는 심오한 부처님의 말씀이 담겨 있기 때문이다. 그런 의미에서 각종 재나 의례에서 활용되는 주력의 의미를 상세히 밝혀줄 필요가 있다. 그래야만 재나 의례에 임하는 참가자들이 불법을 깊이 알게 되고, 또한 진실하게 몰입할 수 있을 것이기 때문이다.

기초 수행으로서의 진언 수행

경전 내에서 주문 다라니를 수지 독송하여 이루는 공덕은 차치

하더라도, 다라니 수행 결과 수행자에게 실제로 일어나는 신체적·정서적인 효과로 집중력 향상과 기억력 회복 등을 들 수 있다. 따라서 진언 수행은 참선에 들어가기 전의 산란한 마음을 다스리고, 수행자가 정진하기 위해 스스로 분심을 일으키거나 수행 도중 장애가 없도록 과거 업장을 소멸케 해주는 기초 수행법이 될 수 있다.

가령, 과거 해인사 선방에서 능엄주를 지송할 때, 그 수행이 모두에게 부과되어 있기는 하지만, 실제로 선방의 수좌들은 능엄주력을 하나의 본격적인 수행 프로그램으로 인식하기보다는 예비 수행 프로그램으로 받아들이는 경향이 있었으며, 이러한 경향은 분명하게 드러나 있지는 않지만 현재까지도 어느 정도 이어지고 있는 실정이다.

기초 수행법으로 사용될지라도 주력 수행은 수행에 많은 도움을 준다. 수행자는 주력의 힘으로 길러진 선정력으로 화두를 들든 관법을 하든 어떤 수행을 하든 간에 망상 없이 자기에게 주어진 수행의 주제를 끌고 갈 힘을 얻게 되기 때문이다. 그런 의미에서 진언 수행은 조계종 차원에서 기초 수행의 한 방편으로 완전히 자리 잡을 수 있도록 하는 것이 바람직하다. 다시 말해서 간화선에 직접 들어갈 수 있는 근기를 가진 사람이라면 그것대로 그 길을 인정하고 그렇지 못한 사람들을 위해서는 수행으로서의 주력이 갖는 의미를 인식하게 해야 한다는 말이다. 다시 말해 간화선에 들어가기 전 기초 수행으로서 주력 수행을 적극 장려하고 보급하는 길을 터놓아야 한다는 것이다. 조계종의 종헌에서도 주력 수행을 인정하고 있듯이 간화선에 접근하기 위한 기초 내지 예비 수행으로서 진언 수행의 역할을 설정하는 것은 조계종 수행체계를 보다 다양화하고 현실화하는 것이 되기 때문이다.

깨달음무상정각을 성취하는 방편으로서의 진언 수행

앞에서 살펴보았듯이, 지금까지의 진언 수행은 대체로 기초 수행이나 보조 수행 정도로 받아들여져 왔다. 그러나 엄격한 의미에서 진언 수행이나 간화선이나 염불·간경 등은 모두 무상정각을 이루기 위한 방편일 뿐 이들 방편 사이의 차별은 인정될 수 없다.

근·현대 조계종의 발자취를 볼 때 진언 수행을 불교 수행의 중심으로 생각하고 행주좌와 어묵동정의 일상생활 속에서 다라니만을 지송하는 수행자들이 상당수 있었으며, 오늘날에도 확고한 신념을 가지고 무상정각을 위한 중심 프로그램으로 주력 수행을 선택하고 있는 이들이 제법 있기 때문이다.

무상정각을 이루기 위한 불교 수행의 방법으로 다라니 수행을 택하든, 또는 간화선이나 염불·간경 등 그 어느 것을 택하든 서로 간에 우열을 논하는 것은 바람직하지 않다. 곧 근대 한국불교의 수월 스님이나 용성 스님의 행장에서 보듯이 일생 동안 다라니 수행을 통해 해오解悟의 문을 열었던 경우도 있고, 또 중국 송나라의 영명연수永明延壽, 904~975 선사처럼 염불 수행을 중심 수행으로 삼으면서도 대비심이나 불정존승다라니 지송을 일과 수행으로 삼았던 경우도 있기 때문이다.

또한 밀교 경전은 말할 것도 없이 많은 현교 경전에서조차 다라니 지송 공덕의 뛰어남을 강조하고 있다. 실제로 다라니 수행으로 세간을 뛰어넘어 무상정등각을 얻은 수행자들이 적지 않게 존재하고 있다. 앞서 언급했듯이, 밀교는 현재의 삶 속에서 깨달음을 성취하겠다는 목적에서 출발한 종파로서, 기존 종파들로부터 교리나 실천 수행이 모두 우수하다고 인정받고 있다. 그 까닭은 밀교가 현실 성불을 주창함과 동시에 그것을 실현시키는 방법으로 삼밀유가행이라는 수승한 수행법을 제시하고 있기 때문이다.

곧 입을 중시하는 정토종의 염불 수행법과 마음을 중시하는 선종의 참선 수행법을 합치고 거기다 입과 마음의 그릇이라 할 수 있는 몸의 수행을 또 다시 합쳐서, 이 모든 것몸과 입과 마음을 그것도 동시에 행하는 종합적 수행법이 다름 아닌 삼밀유가행이기 때문이다.

따라서 진언 수행자들은 무엇보다도 먼저 다라니 수행이야말로 무상정등각을 성취하는 최고의 방법이며 금생에 성불할 수 있는 수행법이라 확신하고 이 방법을 일상생활에서 활용하는 것이 중요하다. 이런 의미에서 종단은 진언 수행 나름의 수행 차제를 체계적으로 제시할 필요가 생긴 것이며, 그에 따라 이 수행지침서를 발간하게 된 것이다.

4
근대 한국 고승들의 진언 수행

수월 스님

근·현대까지도 한국불교에서 주로 유행했던 진언 수행법은 천수다라니와 육자대명왕진언으로 보이는데, 그 가까운 예를 각각 수월 스님과 용성 스님의 경우에서 찾아볼 수 있다. 수월水月, 1855~1928 스님은 경허 스님으로부터 천수다라니를 일생 동안의 수행 방편으로 삼을 것을 지도받았다. 실제로 그는 평생 이 천수다라니를 수행하면서 여러 번의 기적 같은 일화를 남겼다. 그중에 다음과 같은 일화가 유명하다.

자나 깨나 앉으나 서나 오로지 '천수주'만 외우는

수행으로 일관하던 어느 겨울날 저녁 여느 때처럼 수월은 하루 일을 다 끝내고 저녁 예불을 드린 후 절 아래에 있는 물레방앗간으로 내려가 방아를 찧고 있었다. 천수다라니를 지송하는 일과 방아 찧는 일이 그에게서 한몸이 되어 있을 즈음, 그날 밤 주지 태허 스님이 외출했다가 자정이 다 되어서야 돌아오고 있었다. 주지 스님은 방앗간에 불빛은 있는데 방아 찧는 소리가 나지 않아 이상히 여겨 가 보니 물레방아 공이는 금방이라도 내리찍을 듯 허공에 매달려 있는데 수월은 돌확 속에 머리를 박고 아기처럼 잠들어 있는 게 아닌가. 태허가 단숨에 달려가 수월을 끌어내니 그 순간 방앗공이는 기다렸다는 듯이 다시 '쿵, 쿵!' 소리를 내며 방아를 찧기 시작하는 것이었다.…… 경허는 수월의 법기가 무르익었음을 알고 7일 용맹정진을 허락하였다. 수월은 방석에 앉아 눈을 지그시 감은 뒤 식음을 전폐하고 '대비심다라니'를 외기 시작했다. 마치 '대비심다라니'가 콸콸 솟구치는 영원한 '다라니 샘물'인 듯했다. 드디어 이레째 되던 날 밤, 아랫마을에서 "불이야"라는 소리와 함께, 온 동네 사람들이 집 밖을 나와 보니 자신들의 집이 아니라 바로 염암산 중턱의 천장암에서 뿜어져 나오는 불기둥이었다. 바로 수월 스님의 깨달음의 자리에서 내뿜는 방광放光이었다.

이러한 행장은, 현대까지도 매우 대중적인 수행 방법으로 채택되고 있는 천수다라니 독송이 일반 스님들의 세계에서 어떻게 인식되어 왔는가를 보여주는 한 예라 할 수 있다. 즉 근·현대까지도 천수다라니 등이 대중적으로 끊임없이 유통되어 왔으며, 이러한 진언 수행을 통해 수행자들이 매우 진전된 체험의 단계까지 이를 수 있다는 믿음이 불교계에 유포되었다는 것을 의미한다.

별다른 학식 없이도 진언 수행을 통해서도 깨달음을 이룰 수 있음을 보여주는 대표적인 예가 수월 스님의 경우라 할 수 있다. 적어도 수월 스님의 득도 과정에서는 화두 참구의 수행보다 천수다라니를 통한 진언 수행이 보다 지속적이고 근본적인 체험을 가져왔다는 것이 당시 수월 스님과 함께 산 수행자들의 공통적인 평가이다.

김수월 스님

앞의 수월 스님과 똑같은 수월이라는 법명을 가진 김수월水月永旻, 1817~1893 스님도 주력 수행으로 깨달음을 얻은 스님 중의 한 분이다. 김수월 스님은 경북 의성 고운사孤雲寺의 스님인데, 스님은

"생사의 일이 매우 크니 한 치의 짧은 시간인들 어찌 등한히 하리"라고 통탄하면서 고운사 남암南庵에서 도반들과 함께 결사를 하고 10년간 다라니 수행을 통해 깨달음을 얻었다. 당시 함께 수행한 도반 스님들의 말에 의하면 1864년 3월부터 스님의 잇몸에서 사리가 두 개 나오기 시작하더니 1866년까지 팥알만 한 사리가 양쪽 눈에서 나온 것이 무려 46과나 되었으며, 뿐만 아니라 꿩이 스님의 발에 와 앉고 제비가 머리 위에 내려앉기도 했으며, 노루가 가슴에 안겨오기도 했다고 한다.

용성 스님

용성龍城, 1864~1940 스님도 천수다라니와 육자대명왕진언 수행을 통해 견성하신 분이다. 주력과 관련된 스님의 주된 업적 가운데 빼놓을 수 없는 것은 근·현대에 육자대명왕진언 수행의 유포와 유행에 일정한 기여를 했다는 점일 것이다. 출가 후 수행 초기에 김수월 스님으로부터 천수다라니와 육자대명왕진언 수행을 권고받은 이후 스님은 평생을 다라니 수행에 전념하였다. 수월 스님의 비문에는 다음과 같이 견성의 길을 묻고 대답하는 두 수행자의 문답 대목이 나온다.

용성 스님이 "삶이 무상하고 신속하니 어떻게 깨달음을 얻어야 하겠습니까?"라며 생사대사生死大事에 대해 물었다. 그러자 수월 스님이 말씀하시기를 "불법이 융성하던 시기는 멀어져 번뇌가

강해지고 불법이 약해졌다. 그러니 지극한 마음으로 불·법·승 삼보에 예를 갖추고 부지런히 대비신주大悲神呪를 외운다면 자연히 과거의 업을 소멸하고 마음이 깨끗하게 될 것이다"라고 답했다.

여기서 대비신주는 천수다라니를 말한다. 이 다라니를 염송하는 것이 마음을 청정히 하고 업을 소멸하여 깨달음에 속히 이르는 길임을 말하고 있는 것이다. 다시 말해, 다라니 염송이 직·간접적인 깨달음의 수단이 될 수 있음을 암시하는 것이다. 이러한 주력 수행을 통해 용성 스님은 드디어 업장을 소멸하는 체험의 단계에 이른다. 이는 용성 스님의 초기 수행담이겠지만 후에 계속된 간화선 수행을 통해 크고 작은 득도를 체험했음을 고려할 때, 다라니 수행이 용성 스님이 깨달음을 얻는 데 큰 몫을 차지했음은 틀림없는 사실이다.

용성 스님은 말년인 1936년에 《육자대명왕경六字大明王經》과 《육자대명왕경지송법六字大明王經持誦法》을 각각 번역 편찬하였고, 이듬해인 1937년에는 《육자영감대명왕경六字靈感大明王經》을 번역하였다. 이 사실들은 스님이 평소 육자대명왕진언을 중요한 수행법으로 간주했다는 것을 보여준다. 이러한 사실은 용성 스님의 상좌였던 동헌東軒 스님과 손주 상좌였던 도광導光 스님의 수행가풍 속에서도 그 흔적을 찾아볼 수 있다. 동헌 스님과 도광 스님 모두 직접 용성 스님을 모시면서 용성 스님의 가르침에 따라 육자대명왕진언을 지송했던 일화는 대중에 널리 알려진 사실이기 때문이다.

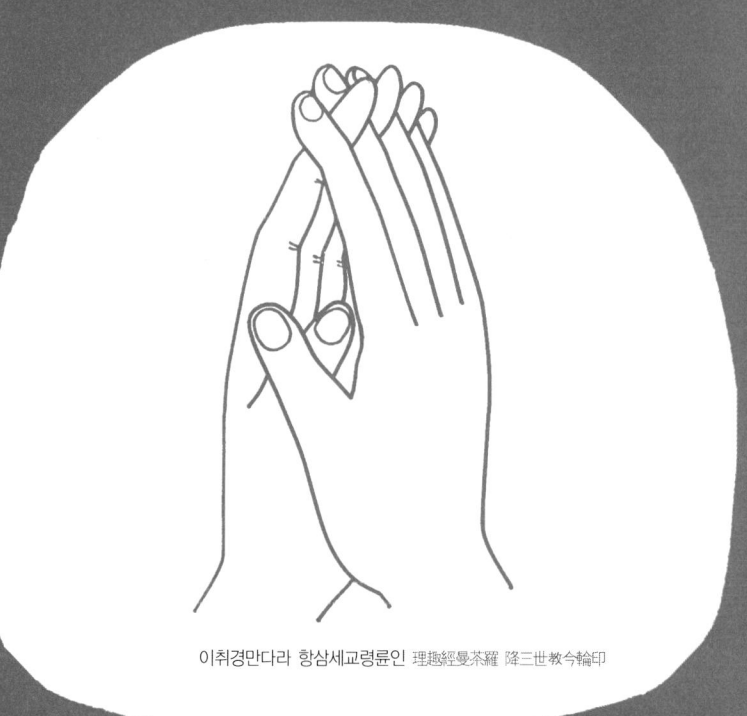

이취경만다라 항삼세교령륜인 理趣經曼茶羅 降三世教令輪印

제 7 장

맺음말

본 지침서에서 다룬 것은 불교 수행 가운데 진언 수행이 차지하는 위상과 역사, 그리고 진언 수행의 의미와 활용에 관한 것들이다. 한국불교에서 사용되는 진언과 다라니는 헤아릴 수 없이 다양하고 많다. 물론 이들은 일상의 상용의례와 비상용의례에서 주로 사용되는 것들이 대부분이지만, 이외에도 출세간의 수행과 일반 사찰 건축이나 불구佛具 등의 장식적 효과를 위해 사용된 사례는 이루 헤아릴 수 없이 많다.

주呪나 진언, 다라니는 불보살의 깨달음에서 비롯된 신력神力의 영역이기 때문에 해석하지 않는 것이 일반적이다. 따라서 최근까지만 해도 이러한 추세에 따라 원문의 뜻을 알려고 하지 않고 그저 되뇌이는 것으로 일관하였다. 물론 여기에는 조선시대를 거치는 동안 원문의 뜻이 전승되지 않은 채, 의례적으로 염송된 것에도 이유가 있을 것이다. 바람직한 염송이란 뜻도 모른 채 무심히 다라니만을 외우는 것이 아니라 뜻과 의미를 생각함과 동시에 진언이나, 다라니가 설해진 경전의 명칭과 내용, 그리고 불보살이 호념護念을 약속한 인연을 알고 외우는 것일 것이다. 그리고 이러한 지송 태도는 경전에 설해진 염송의 목적에도 부합되기 때문이다.

곧 밀교 수행의 경우 반드시 진언과 다라니의 의미를 알고 염송하는 것이 올바른 지송 태도이며 방법이다. 곧 삼밀유가수행三密瑜伽修行이라는 말처럼, 밀교 수행은 수인을 결함과 동시에 만다라나 본존의 형상을 떠올리면서 진언이 담고 있는 내용에 따라 정교한 관상觀想을 행하며 지송하는 것이 올바른 정통 수행법이다. 이 때 지송되는 진언이나 다라니의 역할은 부처님과 보살에 대한 수행자의 신앙과 믿음을 한결같이 지속시켜 종교적 체험을 향상시키고 마음의 평안을 얻는 데 그 목적이 있기 때문이다.

일반적으로 한국불교는 '통불교'로 정의된다. 근대에 들어 조계종은 통불교 전통에 입각해 제종諸宗을 포섭하는 통합종단으로 새롭게 거듭나고 있다. 곧 수행 면에서 그 중심에 조사선이나, 간화선을 중심으로 하면서도 '선'뿐 아니라 간경·염불·주력 수행도 포함하는 것을 기본 종책으로 삼고 있기 때문이다.

불교 수행 가운데 주력은 진언과 다라니의 힘에 의지해 수행하는 것이다. 대승불교 경전이나 의례를 보면 진언과 다라니 지송을 중요하게 언급하고 있다. 진언과 다라니 수행에 있어 중요한 점은 석가모니부처님의 가르침에 입각해 수행, 실천하는 것이다.

부처님 말씀의 핵심은 무아, 연기, 중도, 공이다. 그런 의미에서 진언, 다라니의 수행뿐만 아니라 모든 불교 수행은 중도, 연기, 무아, 공에 바탕을 두고 있다. 밀교 또한 대승불교의 이념을 계승한 불교이기 때문에 수행의 바탕에는 '상구보리上求菩提'와 '하화중생下化衆生'의 대승 이념 속에서 다라니 지송을 중심으로 하는 자력성불과 이타심의 향상을 위해 노력하고 있는 것이다. 이러한 불교의 가치관, 세계관의 정립 없이 수행한다면 그것은 외도 수행이나 다를 바 없기 때문이다. 특히 진언 수행은 일상적인 이성으로는 해석할 수 없는 신비한 말을 지송하는 것이기 때문에 부처님 교법에 대한 바른 이해가 무엇보다도 중요하다.

따라서 진언 수행을 하기 전에 반드시 부처님 교법에 대한 올바른 이해가 선행되어야 한다. 능엄주든, 천수다라니든, 육자진언이든 광명진언이든, 그것을 지송하는 이유를 반드시 알고 수행해야 한다는 말이다. 따라서 이러한 바탕 위에서 진언 수행을 한다면 깨달음을 얻는 현대적인 수행법으로 크게 활용될 수 있을 것이다. 자나깨나, 언제 어디서나, 어떤 경계가 닥쳐 올 때도 주력 수행에 의지하여 정진한다면 반드시 그것도 속히 자신의 근본 자리를 바로 볼 수 있는 향상向上의 수행이 될 수 있기 때문이다. 물론 진언 다라니 수행이 선수행禪修行의 화두 참구나 염불수행과도 상통한 측면을 갖는 것은 두말할 필요가 없을 것이다. 《진각국사어록》에서 고려시대의 명승인 진각국사眞覺國師와 밀교승의 대화를 살펴보자.

> 진각국사가 스님에게 "아사리는 무엇을 방편으로 수행하시오?"라고 물으니, 스님이 다라니로 수행한다고 답하였다. 진각국사는 다시 묻기를, "다라니는 여러 자로 된 다라니도 있고, 일자一字다라니도 있고, 무자無字다라니도 있는데 다른 것은 묻지 않겠으나 무엇이 무자다라니요?"라고 물으니 스님이 "아자阿字다라니가 바로 그것이오"라고 하

였다. 이에 진각국사가 "아자는 한 글자가 아닙니까?"라고 물으니 스님이 답하지 않았다. 이에 진각국사는 "스님은 바른 깨달음을 얻었습니다"라고 답하였다.

아자다라니란 밀교 경전인 《대일경》의 아자관阿字觀 수행을 가리킨다. 아자관은 비로자나여래의 본심을 참구하는 수행으로 실담자인 '아자'를 심상心想에 떠올리면서 주로 '아자본불생阿字本不生'이라는 주제를 참구하는 것이다. 진각국사와 밀교승의 대화는 진언과 선 수행의 근본 목적이 다르지 않음을 보여준다.

불교의 한반도 정착에 공헌했던 밀교가 조선시대 초기에 그 전통이 멸절된 이후 근대 조계종단 내에는 체계적인 주력 수행 지침서가 존재하지 않았고, 그 수행 체계마저도 산실되었다. 대중이 주력 수행을 하고자 하여도 오로지 단편적인 지침서가 전부였다. 그런 점에서 주력 수행법을 일목요연하게 정리하여 출판하는 것은 종단적 입장에서 커다란 의미가 있을 것이다.

이번에 발간되는 주력 수행 지침서가 완벽하다고는 할 수 없겠지만 진언 수행을 하고자 하는 수행자들에게 중요한 지침이 되리라 믿는다. 이 지침서를 길잡이로 삼아 주력 수행을 하여 누구나 '상구보리 하화중생'의 길로 나가기를 기원한다.

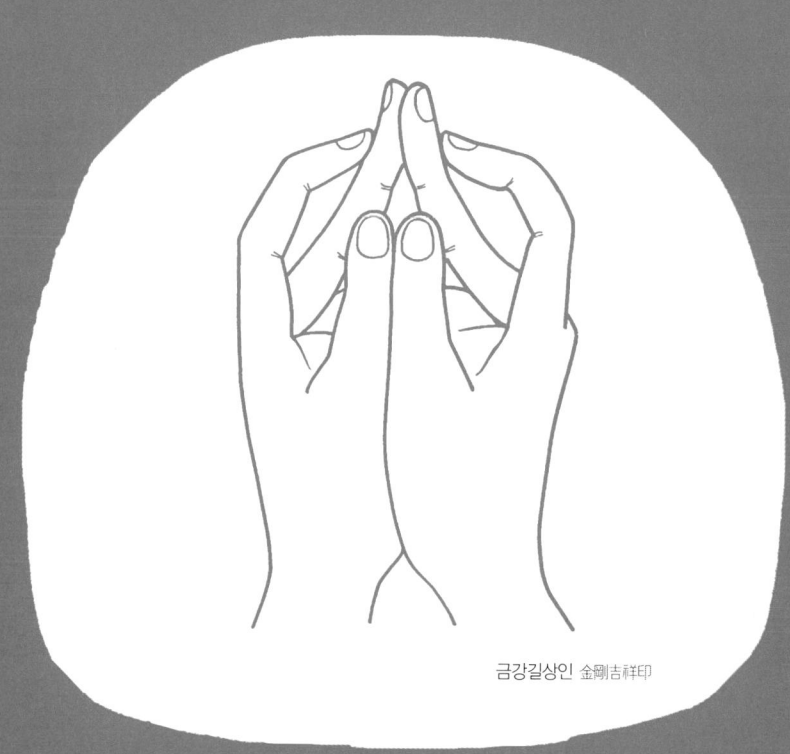

금강길상인 金剛吉祥印